U0898909

青少年体育活动促进政策执行效力研究

唐立慧　著

北京体育大学出版社

策划编辑　李　飞
责任编辑　赵海宁
审稿编辑　李　飞
责任校对　叶　莱
版式设计　博文宏图

图书在版编目（CIP）数据

青少年体育活动促进政策执行效力研究/唐立慧著.
- -北京：北京体育大学出版社，2018.5
ISBN 978-7-5644-2919-5

Ⅰ.①青… Ⅱ.①唐… Ⅲ.①青少年-体育活动-研究-中国 Ⅳ.①G808.17

中国版本图书馆 CIP 数据核字（2018）第 117412 号

青少年体育活动促进政策执行效力研究

唐立慧　著

出　　版　北京体育大学出版社
地　　址　北京海淀区信息路 48 号
邮　　编　100084
邮 购 部　北京体育大学出版社读者服务部 010-62989432
发 行 部　010-62989320
网　　址　http://cbs.bsu.edu.cn
印　　刷　北京虎彩文化传播有限公司
开　　本　710mm×1000mm　1/16
成品尺寸　228mm×170mm
印　　张　8.5
字　　数　142 千字

2018 年 7 月第 1 版第 1 次印刷
定　价　36.00 元
（本书因印制装订质量不合格本社发行部负责调换）

前　言

青少年拥有健康的体质，坚强的意志，这是社会发展的表现，也是民族兴旺的标志，更是国家强盛壮大的重要保障。新中国成立后，党和政府十分关心和高度重视广大青少年的健康成长和青少年的体育活动，国家体育总局、教育部以及相关部委、各级政府先后出台了一系列的政策措施保障青少年参与体育活动，但是，我国青少年参与体育活动的状况却不容乐观。青少年参与体育活动受多种因素的影响，其中政策执行效力是最为关键的因素。公共政策学认为，政策能否达到预期的政策目标和政策效果，关键在于它们能否得到广泛的认同支持和强有力的贯彻执行。执行效力强，执行主体可以根据执行环境，充分整合并利用组织内外的各种资源，采取各种有效的措施和手段完成政策目标和任务。反之，执行效力弱，即使执行环境优越，资源充足，也难以实现政策的预期目标。可见，提高青少年体育活动促进政策执行效力是保障青少年体育活动参与和学校体育健康发展的关键因素。因此，开展青少年体育活动促进政策执行效力的研究是我国青少年体质健康现状提出的重要课题。

本研究成果的理论意义主要体现在两个方面：首先，人们对体育政策的研究多是注重政策结果的分析，而对其过程研究不够。本研究对我国青少年体育活动促进政策执行效力问题进行分析，提出了改进对策，可进一步丰富我国体育政策的理论体系。其次，针对政策执行过程中出现的政策变形、执行受阻乃至停滞等政策执行阻滞现象，融合法学、管理学中的执行力概念，提出并阐释了如何塑造高效的政策执行力，如何改善政策执行主体执行不力的局面，为政府有关部门更好地履行青少年体育活动促进政策的执行职能提供了新的理论依据。

本研究成果的应用价值也主要体现在以下两个方面：首先，青少年体育活动促进政策的有效执行与否直接关系着青少年体育工作的开展。本课题研究成果可对青少年体育管理部门加强对政策的理解，发现组织管理中存在的问题，减少开展青少年体育活动促进工作的盲目性，具有较强的现实意义。其次，研究青少年体育活动促进政策执行过程优化模型的初衷，是发现可能影响政策执行效力的变量以及它们之间的微妙关系，通过模型建构与分析，在实际政策执行的过程中就可以做到事前预防、事中调整、事后纠错弥补。

在全书的完成过程中，张锡娟、高泽榜对数据进行了收集和整理，在此表示衷心的感谢。还要感谢北京体育大学出版社的各位编辑，是他们的辛勤工作和大力支持，使本书得以顺利出版。

尽管笔者本着严谨的写作态度，查阅了大量的数据和资料，力求对我国青少年体育活动促进政策的执行提供参考，但由于水平有限，在撰写过程中难免存在不妥之处，敬请广大读者不吝赐教。

唐立慧

2018 年 1 月

摘　要

青少年体育是我国体育事业的重心，青少年体育是群众体育和竞技体育的“桥梁”和“纽带”，是竞技体育后备人才的重要来源，也深深影响着我国体育产业的发展和壮大。新中国成立以来，我国分别从国家、国务院直属部委以及各地方政府层面先后颁布了一系列政策保障青少年体育活动的开展，本研究将这一系列政策总称为青少年体育活动促进政策。目前在学术研究领域和实践中都一致认为，青少年体育活动开展程度和开展范围情况并不乐观，这很大程度上与青少年体育活动促进政策未得到真正的执行、实施有很大关系。就理论而言，青少年体育政策的“制定”与“执行”是青少年体育政策运行过程的两个步骤，要想使“良策”变为“良果”，还需要“执行”这一中介，抓好青少年体育政策的执行才能使青少年体育政策真正落到实处。公共政策学认为，政策执行是将政策理想变为现实的过程，政策执行效力水平直接影响政策执行的效果。可见，提升青少年体育活动促进政策执行效力水平才是保障青少年体育活动顺利开展的根本所在。

本研究采用文献资料、专家访谈、问卷调查、比较分析和统计分析等方法，对青少年体育活动促进政策的执行过程和执行效力进行了深度调查与分析，得出以下主要结论：

第一，青少年体育活动促进政策执行效力是指青少年体育活动促进政策执行主体为实现青少年参与体育活动的目标，整合、使用组织内外资源，完成青少年体育活动促进政策任务的准确程度和既定目标的实现程度。

第二，我国青少年体育活动促进政策执行效力处于中等水平，执行力度一般，效果一般。不同群体对青少年体育活动促进政策执行效力评价存在差异。青少年体育活动促进政策执行效力不佳主要表现在：学校对青少年体育政策的宣传、解读不到位；政府投入不足、体育基础设施建设“欠账”，体育课程内容老化、教学方式单一；权责主体混乱，双重管理矛盾突出，导致政策执行“偏离”；政策主体重文轻体，对政策实施重视不够；目标群体对政策认同感和遵从度不强；家庭教育的误导；教育主管部门和学校对政策落实的督导、监管、评估工作不到位。

第三，青少年体育活动促进政策执行效力模型是根据青少年体育活动促进政策执行效力的影响因素及各因素之间的关系建立“执行效力影响因素关系图谱”，影响青少年体育活动促进政策执行效力的因素包括政策本身、政策执行主体、政策目标群体、政策资源、执行方式和政策执行环境6种要素。其中，政策执行主体对青少年体育活动促进政策执行效力产生直接且最为深远的影响，在青少年体育活动促进政策执行效力模型要素中居于主导地位。

为确保青少年体育互动促进政策有效执行，提出以下建议：提高政策科学性与合理性；提升政策执行主体的执行能力；提升目标群体的政策认同度；强化物质资源的保障作用；优化政策执行的内外环境；建立长效的政策执行监督评估机制。

目录

Contents

1 导 论

1.1 选题依据

青少年身心健康、体魄强健、意志坚强、充满活力，是一个民族旺盛生命力的体现，是社会文明进步的标志，是国家综合实力的重要方面[1]。青少年身体素质水平一直是国家和社会关注的焦点。根据《2014 年全国学生体质与健康调研结果》显示，近年来青少年身体素质指标中的速度、力量、爆发力呈不断下滑的趋势且青少年还表现出在体育活动中耐力水平偏低、体育活动后的恢复能力较差。其中城市青少年肥胖和超重检出率持续增加，青少年视力不良检出率不断上升，并出现低龄化倾向[2]。虽然造成这种情况的原因很多，但相关研究表明，青少年体质连年下滑的根本原因在于青少年严重缺乏体育锻炼与体育活动。基于青少年身体素质水平的现实状况，为了增强青少年身体素质，促进青少年体育活动长期持久的良好开展，中共中央、国务院、国务院相关直属部委、各级政府颁布了一系列涉及促进青少年体育活动开展要求的政策文件。2007 年中共中央、国务院下发《关于加强青少年体育增强青少年体质的意见》（中发〔2007〕7 号），是专门针对青少年体育下发的一个高层次、高规格重要文件。这是在现代化建设全局中

〔1〕 国务院办公厅．中共中央国务院关于加强青少年体育增强青少年体质的意见［Z］．2007.

〔2〕 2014 年全国学生体质与健康调研结果［J］．中国学校体育，2015（12）：45－46.

首次把青少年体育工作提高到重要位置，意味着党和国家将加强青少年体育工作提升到一个新的战略高度。2010 年《国家中长期教育改革和发展规划纲要(2010—2020 年)》出台，纲要中提出要大力开展青少年“阳光体育”运动，明确指出要保证学生每天锻炼一小时，不断提高学生体质健康水平等目标。2013 年党的十八届三中全会《中共中央关于全面深化改革若干重大问题的决定》对青少年体育工作做出重要部署，明确提出“强化体育课和课外锻炼，促进青少年身心健康、体魄强健”的要求。2014 年国务院颁布实施的《关于加快发展体育产业促进体育消费的若干意见》（国发〔2014〕46 号）在“将全民健身上升为国家战略”的同时，特别指出“切实保障中小学体育课课时，鼓励实施学生课外体育活动计划”。2015 年中共中央办公厅、国务院办公厅《关于加快构建现代公共文化服务体系的意见》（中办发〔2015〕2 号）提出“实施青少年体育活动促进计划”。这些顶层设计的不断推出为新时期我国青少年体育活动的开展提供了政策依据与任务要求。应该说，不论是从政策数量和政策类型来看，还是从政策颁布的频度来看，青少年体育活动促进领域都属于“政策高密集区”。

高密度政策的出台说明了国家对青少年群体的重视，但政策的影响并没有达到目标效果，各地开展青少年体育活动的情况仍然不理想。研究显示，我国中小学体育课（包括音乐、美术课）被改上其他课的比例达到 37. 5%，全国有 22% 的学校执行不了体育教学大纲或体育课程标准，近 50% 的学校落实不了每天一小时的体育锻炼时间，尤其是在农村的小学中上述现象更加严重，有很多小学生基本没有接受到体育教育[1]；据 2014 年国家体育总局公布的全国 10 省（区、市）城乡居民体育健身活动及体质状况抽样调查结果表明，在 6 至 19 岁儿童青少年中，参加校外体育锻炼达到规定标准的比例仅为 28. 6%，运动明显不足。这些数据说明青少年体育活动促进的一系列政策的执行效力长期处于低效状态，并没有达到促进青少年体育活动活动开展的目标，对青少年体质健康产生了不可低估的破坏作用。

公共政策学认为，政策能否达到预期的政策目标和政策效果，关键在于它们

---

〔1〕 王璨．南昌市城区小学阳光体育运动政策执行力现状及对策研究［D］．江西：江西师范大学，2012.

能否得到广泛的认同支持和强有力的贯彻执行。执行效力强，执行主体可以根据执行环境，充分整合并利用组织内外的各种资源，采取各种有效的措施和手段完成政策目标和任务，反之，执行效力弱，即使执行环境优越，资源充足，也难以实现政策的预期目标。可见，提高青少年体育活动促进政策执行效力是保障青少年体育活动参与和学校体育健康发展的关键因素，因此，开展青少年体育活动促进政策执行效力的研究是我国青少年体质健康现状提出的重要课题。基于此，本课题对青少年体育活动促进政策执行效力进行研究，以期能够提升青少年体育活动促进政策的执行效力水平，更好地实现促进青少年参与体育活动、提高青少年身心健康的目标。

1.2 研究意义

1.2.1 理论意义

首先，以往人们对体育政策的研究多是注重政策结果的分析，而对政策执行效力研究不够。本研究对我国青少年体育活动促进政策执行效力问题进行分析，提出了改进对策，进一步丰富了我国体育政策的理论体系。

其次，在参考、融合国内外公共政策执行相关模型的基础上，针对目前一系列青少年体育活动促进政策执行过程中出现的变形、受阻乃至停滞等现象，将主要影响政策执行效力的因素及其之间的关系进行整合，构建出青少年体育活动促进政策执行效力模型，最终提出并阐释了提升青少年体育活动促进政策执行效力的相关建议。这为更好地理解青少年体育活动促进政策以及提高政策执行效力提供了新的理论依据，奠定了青少年群体政策执行效力领域的理论基础。

1.2.2 现实意义

第一，青少年体育活动促进政策的有效执行与否直接关系青少年体育工作的开展。本课题研究成果可对青少年体育管理部门加强对政策的理解，发现组织管理中存在的问题，减少开展青少年体育活动促进工作的盲目性，具有较强的现实意义。

第二，研究影响青少年体育活动促进政策执行效力的变量及其相互关系，通过模型建构与分析，在实际政策执行的过程中可以做到事前预防、事中调整、事后纠错弥补。

1.3 研究思路

首先，阐述了青少年体育活动促进政策执行效力分析的理论基础；其次，界定了青少年体育活动促进政策执行效力的概念；第三，鉴于执行效力是由执行过程决定的，在规范分析执行过程模型的基础上，从政策执行过程中的宣传、物质与组织准备、全面实施、协调与监控环节入手，对青少年学生体育政策执行过程环节进行逐一分析，探讨出现的“认识”和“执行”障碍，并对出现这种现象的成因进行分析；第四，从理论层面论述了青少年体育政策执行效力的模型，并采用问卷调查和访谈数据分析了执行效力的现状；最后，在理论研究和实证分析的基础上，针对转型期间青少年体育活动促进政策执行效力和执行过程的现状，提出了改进建议，以提升青少年体育活动促进政策的执行效力。

2 文献综述

2.1 国外研究成果综述

2.1.1 公共政策执行研究发展历程

一般认为，J·普雷斯曼和A·威尔达夫斯基在1973年出版《执行论》一书是系统研究政策执行的开始（吕俊杰，2006）。他们认为要使政策科学从理论的科学成为行动的科学，就必须研究政策执行问题，以便在政策制定与政策执行之间架起桥梁，给政策执行予理论指导。他们在书中以公共政策案例为实证，指出政策失败的原因不在于公共政策内容本身有问题，而是因为基层政府政策执行不力（田欣颖，2010）。

第一代政策执行研究是1973年至20世纪70年代末，这一时期的研究主要是对如何把政策转变为实际效果，实现既定政策目标这一问题的关注，研究的重点在于细节性描述某项具体政策在一个或几个地区执行过程是怎样的，强调对政策执行失败原因的分析。主要代表人物有普瑞斯曼和威尔达夫斯基（Pressmain & Wildavsky）、巴达克（Bardach）等（季谋芳，2013）。这一阶段的研究正确地指出了公共政策制定和政策执行之间客观存在着严重的断裂层，但并没有指出政策执行产生梗阻的根本原因，且偏重于政策执行实务及个案研究，没有上升到理论高度。

第二代政策执行研究从20世纪70年代末延续到20世纪80年代末，其代表人物保罗·A·萨巴蒂尔、丹尼尔·A·马兹曼尼安等学者，这一阶段的执行研究把公共政策执行看成是一个动态的过程。认识到政策执行会随执行时间、政策类型、执行机构的不同而变动，并且制定政策是执行过程中的内在组成部分，政策执行与政策制定是不可分离的。学者们研究了影响政策执行的主要变量，形成了分析政策执行过程的多样化视角，指出了系统而实证地研究执行问题的诸多难题。这一阶段研究的不足表现在：诸多研究者对政策执行的内涵理解不一致，没有哪种理论模型能够获得一致认可，也不能从中确认核心影响因素。只强调地方政府的作用，未系统分析在地方政府层次上进行的各种政策执行之间的差异（季谋芳，2013）。

第三代政策执行研究始于20世纪90年代。在第一代和第二代执行研究的基础上，西方学者开始研究政府间的政策执行。由于政府权力的扩张、利益的膨胀以及公共事务日趋复杂，使得现代政府的政策过程不断被分割，愈来愈多的团体被允许参与政策领域，政策执行逐步多元化，这一事实促成第三代政策执行研究中对利益影响政策执行研究的重视。麦尔科姆·L·高金、兰德尔·雷普利、格雷斯·弗兰格林等学者认为典型的政策执行是发生在一个复杂的府际间关系网络中，其中多元参与者经常抱持着有分歧而且冲突的利益目标与期望。劳伦斯·奥托尔指出“执行在本质上是政府机关之间的合作问题，各机关可以基于正式权威、共同利益或者其他价值的交换来诱导合作的达成”。

国外学者的研究拓展了早期政策科学的研究范围，将长期被人们所忽视的政策执行这一环节或阶段纳入政策科学的视野；研究政策执行的学者们从不同的途径、不同的方面来探讨政策执行过程，并提出了种种的理论，尤其是力图系统地了解影响政策有效执行的各项因素及其相互关系，构造相关的政策执行过程模式，这大大地丰富了政策科学的理论内容。

2.1.2 公共政策执行模型研究

国外经过了三代政策执行研究的发展，丰富了学者们的研究视野，与此同时学者们也开始通过多角度、利用多途径探究政策贯彻落实的过程中影响政策执行的相关因素。20世纪70年代中期以后，政策学家们开始根据不同的研究方法来分

析影响政策执行的因素，根据影响因素及其之间的关系系统构建出政策执行相关模型，主要包括以下模型：

过程模型（图2－1）：这是史密斯（T. B. Smith）1973年在《政策执行过程》一文中首次提出的。过程模型重点描述的是政策执行的具体过程，他指出了影响政策执行有效性的主要因素，包括理想化政策，执行机构，目标群体和环境因素[1][2]。值得注意的是过程模型较为全面地反映出了政策从执行机构到目标群体传递过程，将目标群体纳入到了政策执行过程的影响因素中，其实质还是侧重对政策结果的分析。

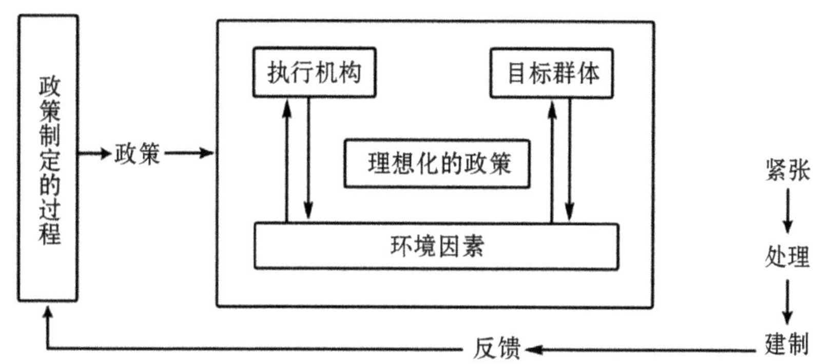

图2－1 政策执行过程模型

系统模型（图2－2）：范米德（D. S. Van Meter）和范霍恩（C. E. Van Horn）在1975年提出了这个模型，模型中将影响因素分为系统本身因素和系统环境的因素两种类别，具体分为6种因素：① 政策标准和目标；② 政策资源；③ 政策执行方式；④ 执行机关的特征；⑤ 执行者的价值取向；⑥ 自然环境和社会环境[3][4]。此模型是典型的自上而下政策执行模型，该政策执行模型的优势在于厘

---

〔1〕 T. B. Smith, "The Policy Implementation Process", Policy Sciences, Vol. 4, No. 2. 1973：203－205.

〔2〕 陈振明．公共政策学［M］．北京：中国人民大学出版社，2004：257.

〔3〕 D. S. Van Meter and C. E. Van Horn, "The Policy Implementation Process: A Conceptual Framework", Administration and Society, Vol. 6, No, 4. Feb. 1975：463.

〔4〕 FOX C J. Bias in public policy implementation evaluation［J］. Policy Studies Rev, 1987. 7（01）：121－141.

清了影响因素之间的关系，着重阐述了政策执行机构与人员的重要作用，分析了执行机构与执行人员在执行中运用其他影响因素完成政策既定目标的过程。

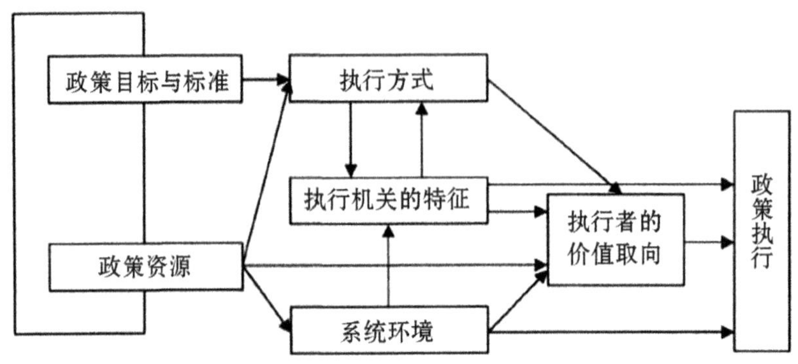

图 2 -2　政策执行系统模型

互动理论模型（图 2 -3）：是 1976 年《互相调适的政策实施》书中由麦克拉夫林（M. Mclaughlin）提出的[1]。他认为，政策执行主要受两个方面的影响，即政策执行组织和受政策影响者。政策执行过程则是政策执行组织和受政策影响者的互动过程，在这个过程中两者在互动中相互调试来保证政策实施的准确有效。此模型着重阐述了执行组织与受影响者之间的关系，强调了两者在利益等方面的博弈，但忽略了其他因素在政策执行中的作用与影响。

---

〔1〕 陈振明．公共政策学——政策分析的理论、方法和技术［M］．北京：中国人民大学出版社，2005，6.

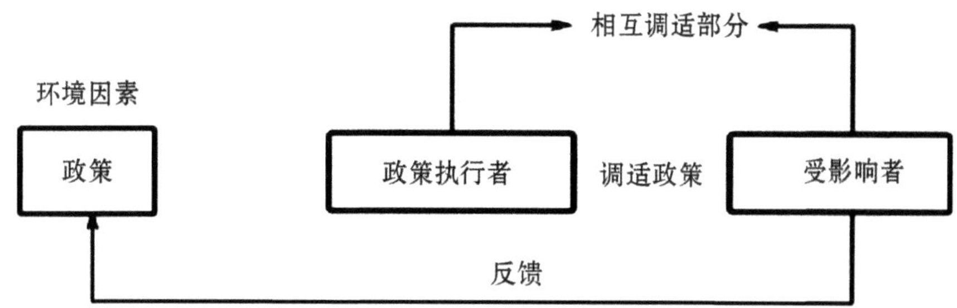

图2－3 政策执行互动理论模型

循环模型（图2－4）：1978 年由美国公共政策学者马丁·雷恩和弗郎希·F·拉宾挪维茨提出，他们认为政策执行是一个由三个阶段组成的循环往复的过程，同时外界环境不断的影响、冲击着这样的循环过程：“纲领发展（资源分配）监督阶段”三个阶段。提出执行过程中须有三项基本原则，即合法原则、理性官僚原则、共识原则，但并没有明确阐述这三阶段过程中主要影响因素以及各因素是如何相互作用并最终对政策执行产生影响的。

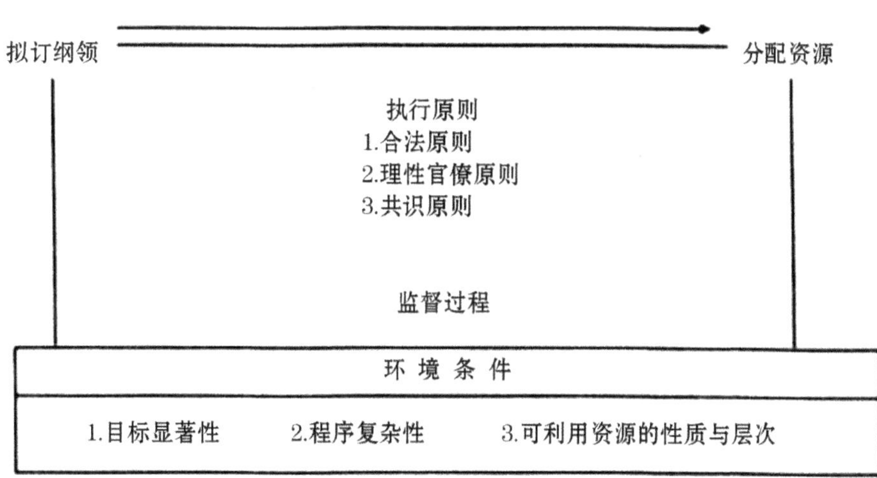

图2－4 政策执行循环模型

综合模型（图 2 －5）：是 1979 年由萨巴蒂尔（Sabatier）和梅兹美尼恩

（Mazmanian）提出的，他们将影响政策的因素总体上分为政策能够处置的问题、政策本身的特性和非政策因素的变数这三个方面，每个影响因素又进行细分，共有16项因素[1]。他们建立的模型强调政策决策者对政策问题的把控能力，认为与政策执行相比，政策的制定更为重要。

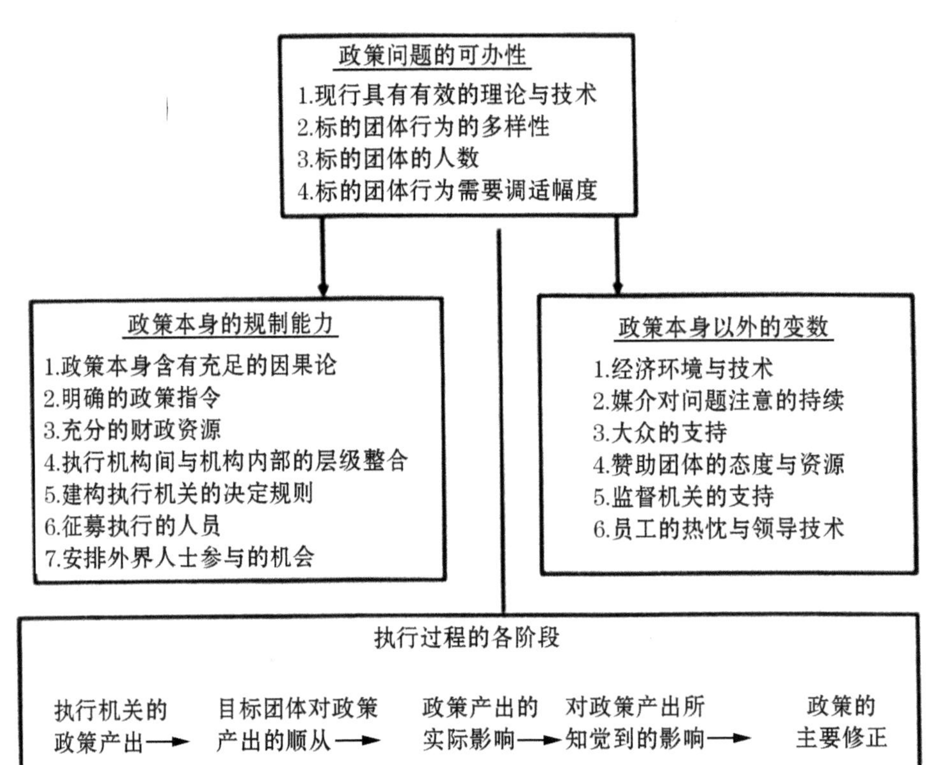

图2－5 政策执行综合模型

〔1〕 P. Sabatier and D. Mazmanian，“the Implementation of Public Policy：A Framework of Analysis”，policy Studies Journal，Vol. 8，No. 4，1979－1980：542.

2.2 国内研究成果综述

通过对国外三代政策执行的研究可以发现，西方发达国家对公共政策理论研究较早，形成了比较成熟的理论体系。合理地借鉴和引进西方公共政策方面的成熟理论和具体做法为建立中国公共政策执行体系研究奠定了很好的基础。但值得注意的是，研究中国公共政策执行问题必须从我国政策执行情况出发，必须站在我国自身的思维视角，紧密结合中国的国情，形成符合中国特色的公共政策执行理论与实践。绝不能把西方国家现成的公共政策理论与做法直接生搬硬套到中国的公共政策执行中去。通过检索中国知网，在检索条件“篇名”中输入“公共政策执行”搜索文献，截止 2017 年 10 月，共检索出相关文献 713 篇，其中期刊论文 536 篇，博士论文 3 篇，硕士论文 152 篇，会议论文 16 篇，报纸 6 篇，发表时间如图 2－6 所示。通过对这些文献的分类筛选发现，从发表时间来看，我国公共政策执行的相关研究主要集中 2007 年之后，研究内容集中在政策执行重要性、政策执行的影响因素、政策执行现状和原因、政策执行监督机制、以及具体某一项公共政策执行情况等方面。

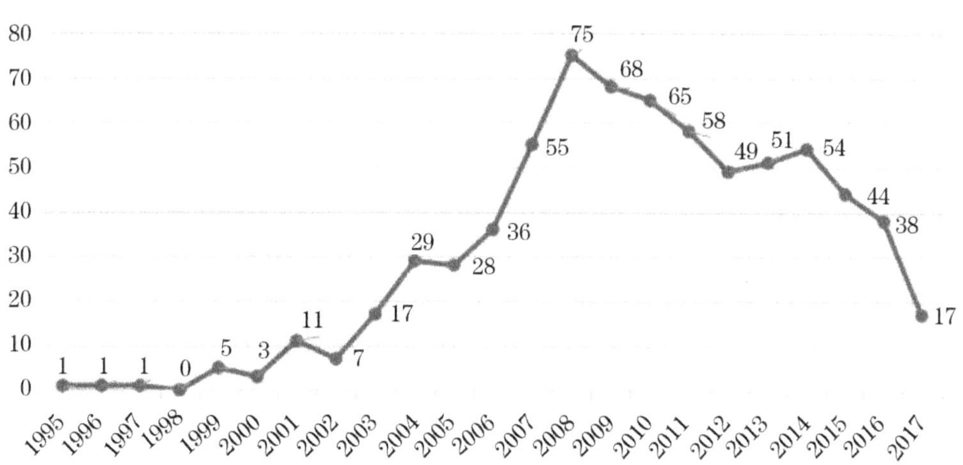

图 2－6 1995 年—2017 年中国知网“公共政策执行”文献发表情况

2.2.1 公共政策执行研究

2.2.1.1 公共政策执行的重要性及意义的研究

韦庆辛（2006）[1] 首先对“公共政策执行”的概念进行了定义，“所谓公共政策执行是指国家行政机关及其组织人员通过建立组织机构，充分利用各种公共政策资源，运用各种手段，将公共政策观念形态的内容转变为现实，从而实现既定的公共政策目标的活动过程。”他指出公共政策执行作为中介性环节对政策过程的最终实现起到决定性作用。同时，发挥着对社会主义市场经济、民主政治、先进文化发展的优化作用。

徐维英（2006）[2] 在阐述政策执行重要作用的基础上对其意义进行了重点解释。指出：政策研究具备理论科学和行动科学的二重性，这就说明要在重视政策执行问题本身的基础之上将政策执行与政策制定之间建立起密切的联系。最终总结出：有效地执行政策构成了现阶段中国政府推进可持续发展战略、构建法治国家的基本的命题之一。

2.2.1.2 公共政策执行影响因素的研究

国内学者对于政策执行影响因素的研究较为丰富（谷雪，2008；张慧芸，2008；史俊霞，2008；赵济民，2007；倪伟光，2006；李敏，2007；吕学新、杨芳，2007；高建华，2007、2008）。

史俊霞（2008）[3] 对影响公共政策执行效力的因素进行了分析。首先对执行效力的概念进行了界定：所谓执行效力指的是行政行为的法律效力是隐于行政行为内部的，基于法律所具有的法律力量，以及在这种力量的监督下行政相对人对政策执行的程度。提出公共政策执行效力主要受公共政策本身、公共政策执行主体、公共政策客体、公共政策执行环境等因素的影响。第一受政策本身的影响，

---

〔1〕 韦庆辛．略论公共政策有效执行的重要性［J］．和田师范专科学校学报，2006，26（5）：41－42.

〔2〕 徐维英．试论公共政策有效执行的重要性及意义［J］．贵州师范大学学报（社会科学版），2006，（1）：97－99.

〔3〕 史俊霞．影响公共政策执行效力的因素分析［J］．商业经济，2008，（8）：96－97.

政策的制定是否科学、合理、明晰、稳定会对执行结果造成直接影响。第二受公共政策执行主体的影响，任何公共政策的执行最终都要依靠各级执行机关和执行人员来进行。第三受公共政策客体的影响，政策客体的规模、类型及对政策的认同度都会对政策执行效果产生影响。第四受公共政策执行环境的影响，政策环境包括自然环境和社会环境，社会环境对政策的影响更为重要，而且往往是决定性的。

倪伟光（2006）[1] 从我国的经济发展和基本国情出发将影响公共政策执行效力影响因素分为制度和非制度两个方面。提出导致产生阻滞的根本原因在于中央与地方间权利划分缺乏规范，没有明确的分权范围。

谷雪（2008）[2] 则运用分类法和列举法分析出影响公共政策执行的诸因素。这些因素被分为主动影响因素和被动影响因素两大类。其中主动影响因素包括：政策制定者和执行者的合法性和权威性，执行的独立性和排他性；政策执行者扩大预算、降低执行成本的可能性和外部性；不同的政策类型；政策对既得利益的损害以及对将得利益的分配；政策缺陷所导致的政策诱惑等。被动影响因素包括：政策执行所处的文化环境；同侪政策执行的压力；突发事件的影响；民众参政的热情、能力和可能性等。

高建华（2007、2008）[3][4] 则分别从执行主体因素和体质因素的角度进行分析。他从公共政策执行主体角度思考，公共政策执行偏差主要源于公共政策执行主体“理性逐利”的结果。消除公共政策执行偏差产生之政策执行主体因素，应加强行政伦理建设，培育公共政策执行主体“公共”精神；影响公共政策有效执行的体制性原因主要是官僚制公共政策执行体制、公共政策执行参与体制和公共政策执行监督与责任追究制度存在问题所致。

2.2.1.3 政策执行困境现状、成因及对策的研究

对于“上有政策，下有对策”的政策执行现状，学者们有着各自的看法和见

---

〔1〕 倪伟光．影响我国公共政策执行效力的因素分析［J］．甘肃农业，2006，（11）：38.

〔2〕 谷雪．公共政策执行诸影响因素分析［J］．内蒙古社会科学（汉文版），2008，29（6）：10－13.

〔3〕 高建华．影响公共政策有效执行主体因素分析［J］．河北学刊，2007，27（6）：83－86.

〔4〕 高建华．影响公共政策有效执行的体制因素分析［J］．学术论坛，2008（12）：64－67.

解（雷崇鸽，2013；李明秋，2006；黄燕翔，2009；潘凌云、王健、樊莲香，2015；赵国钦，2007；王惠云，2015）。

雷崇鸽（2013）[1] 认为，我国公共政策执行的困境主要表现在三个方面：①象征性执行。指在公共政策的执行过程中，公共政策主体只做表面文章，或只做政策宣传而不采取政策执行措施，或阳奉阴违、或敷衍塞责、或前紧后松，使得政策落空的现象。② 选择性执行。一些政策执行主体根据自己的利益需求对上级发布的政策进行有取舍地执行，只执行对自己有利的政策，其他的部分则自动舍弃。③ 附加性执行。政策在执行过程中由执行者附加了一些不恰当的内容，盲目扩大政策外延，使政策的调整对象、范围、力度、目标超越政策原定要求。

黄燕翔（2009）[2] 则更为全面地指出还包括：① 替代性执行。当公共政策执行主体或目标群体认为所要执行的政策对自己不利时，为了自身利益，就对政策的精神实质或部分内容有意曲解。② 机械性执行。这样生搬硬套的执行不但解决不了具体的实际问题，还容易把过错归咎于政策本身，形成责任推诿。

赵国钦（2007）[3] 则从官僚制的研究视角对中央政策的地方执行偏差做出一些分析，要将中央权威与地方公众相结合，共同抑制地方权威的离心倾向。

探究公共政策执行失灵的对策应该是在掌握影响公共政策执行因素的基础上进行的。李明秋（2006）[4] 则对防止公共政策执行失灵的对策进行了探讨，他认为：制度健全是关键，合理划分中央与地方的财权和事权，并将这种关系用法律的形式确定下来。要调整好机构间职权划分、完善干部管理制度，力求加强监督机制的建设。提高执政能力是基础，包括科学判断形势能力的提高，驾驭市场经济能力的提高，应对复杂形势能力的提高，依法行政能力的提高，总揽全局能力的提高。提高公共政策质量是前提，必须从实际出发，在制定过程中应广泛征求民众的意见，通过举行听证会，电子政务等让民众参与政策制定。提高政策执行者素质是保障，政策执行者对政策的理解程度、认知水平对政策的有效执行具有

[1] 雷崇鸽．从“上有政策，下有对策”看公共政策执行的困境［J］．中国投资，2013（8）：7.

[2] 黄燕翔．我国公共政策执行的现实困境及其消解［J］．牡丹江大学学报，2009，18（2）：21－23.

[3] 赵国钦．公共政策执行的偏差与困境［J］．新西部，2007（24）：63－64.

[4] 李明秋．公共政策执行失灵的成因与对策探讨［J］．云南行政学院学报，2006（5）：90－92.

直接影响。

王惠云（2015）[1] 从系统的角度对公共政策提升路径进行了总结：要在创新公共政策有效执行体制和优化政策本身的基础上加强执行主体与目标群体间的互动。

2.2.1.4 政策执行监督机制的研究

通过对文献进行梳理发现，很多学者（丁煌，2002；张杰、王琳，2010；刘玉果，2009；李煜明，2004；朱志强、姚璐，2010；张剑、吴燕，2009;）强调了建立公共政策执行监督机制的必要性，认为监督机制是公共政策执行监督主体、客体、程序、方法、手段等方面所形成的相互依存、相互制约的有机统一的过程。

张杰，等（2010）[2] 指出，监督机制可以防止公共政策执行偏差、规范公共政策执行人员和监督人员的行为、增加政策执行的透明度，树立政府的良好形象。同时提出应该营造参与型监督文化氛围，提高监督主体的监督意识和素质；增强专门监督机构的权威，从根本上建立起独立运行的监督机制；构建严密有效的监督网络；完善公共政策执行监督的制度保障和健全责任追究制度等方面予以完善。

丁煌（2002）[3] 认为，要从根本上提高我国的政策执行效率，其关键应从增强政策执行活动的透明度、保证专门监督机构的独立地位、强化国家权力机关的监督职能以及落实和健全各项社会监督制度等方面完善监督机制。

张剑，等（2009）[4] 则从监督主体的视角进行分析。指出：我国的公共政策执行监督主体存在着监督意识淡薄、监督地位低、监督合力缺乏等三方面的问题，应加强对这三方面问题的治理，以使我国的公共政策执行监督机制更加完善。

2.2.1.5 尝试构建我国公共政策执行效力模型

吕俊杰（2006）[5] 提出了政策执行效力的全新概念，在此基础上，结合中国

---

〔1〕 王惠云．论增强我国公共政策有效执行的对策［J］．经营管理者，2015（2）：323－324.

〔2〕 张杰，王琳．公共政策执行监督的有效性分析［J］．合肥学院学报，2010，27（1）：100－103.

〔3〕 丁煌．提高政策执行效率的关键在于完善监督机制［J］．云南行政学院学报，2002（5）：33－36.

〔4〕 张剑，吴燕．我国公共政策执行监督机制的完善——基于执行监督主体的视角［J］．天水行政学院学报，2009（1）：91－94.

〔5〕 吕俊杰．当代中国公共政策执行效力初探［J］．长江论坛，2006（3）：52－54.

的现实情况，着重论述了影响中国公共政策执行效力的诸多变量以及变量与效力之间的关系，并构建出当代中国公共政策执行效力模型。值得我们注意的是，本研究注重的是对变量的研究，缺乏对模型整体性框架的构建。

通过对公共政策执行相关文献进行整理研究可以发现，国内学者对政策执行的研究保持了持久的关注，取得了一定的成果，但是和实际政策执行所产生的众多问题相比，还是显得相对薄弱。对于国外公共政策理论和方法的系统了解与对其最新趋势的跟踪、消化和吸收做得不够；中国本土化理论的研究刚刚起步，理论创新能力不高；中国公共政策学的学科分化程度较低，公共政策学的许多分支学科没有建立起来[1]。目前对政策执行效力的研究甚少并且不能对现实问题做出有力的回应。因此，政策执行效力的问题亟待予以深入推进。

2.2.2 体育政策执行研究

以“政策执行”并且“体育”为篇名在中国知网检索，截止 2017 年 10 月，共检索出 101 篇文献。其中期刊论文 75 篇，博士学位论文 4 篇，优秀硕士学位论文 15 篇，重要会议论文 4 篇，其他报道 3 篇。相对于公共政策分析学科的长足发展，体育政策执行分析的研究较为滞后。但与此有关的研究确实引起人们的注意，开始尝试对政策进行研究，而且取得某些成绩。从文献发表数量上来看呈现逐年递增的趋势（图 2－7），这说明越来越多的学者对于“体育政策研究”保持较高的关注度，对于政策执行的重要性表示认同。

在清楚公共政策及公共政策执行的基础上，可以对体育政策加以认识。体育公共政策作为众多公共政策的一部分，是指政府部门或体育社团组织针对体育中公共问题与公共矛盾所采取的用以规范、引导有关机构团体和个人的行为准则与行动指南。体育公共政策是政府对体育问题的意识和行为表现，是一种有目标的过程，而这种目标就是要处理和解决正在发生的各种体育公共问题。体育公共政策是由体育的政府机构和体育官员们制定的，体现了政府在政治系统和特色环境下的活动方式和活动过程。

---

〔1〕 陈振明．寻求政策科学发展的新突破——中国公共政策学研究三十年的回顾与展望［J］．中国行政管理，2012（4）：12－14.

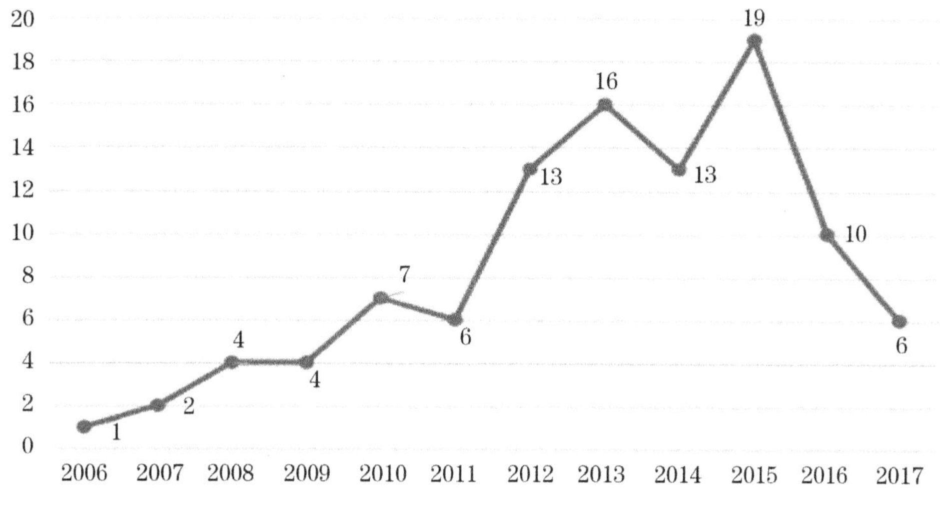

图 2-7 体育政策执行文献数量分布

2.2.2.1 公共体育政策执行的研究

部分研究在进行分析之前，一般只提及体育政策执行的重要性，并未对政策执行概念进行界定或说明。极少数研究成果对体育政策执行进行了说明，且一般都援引上述概念，只是将政策内容限定为体育方面的问题。

杨青松，等（2012）[1] 认为，体育政策的执行是体育政策执行者按照一定的政策方案，运用各种政策资源，在一定时期内为实现政策目标，把体育政策所规定的内容转化为现实成果的双向互动过程。

季谋芳（2013）[2] 认为，体育公共政策执行是执行主体运用各种政策资源，采用各种执行手段对政策对象施加影响，把体育公共政策目标转化为现实的活动过程。

---

〔1〕 杨青松．行为学视域下高校阳光体育运动实施效果分析［J］．体育研究与教育，2012（2）：52－54.

〔2〕 季谋芳．体育公共政策执行研究［D］．湖南：湖南师范大学，2013.

刘霞（2015）[1] 指出公共体育服务政策执行主体“官僚偏好”严重；公共体育服务政策执行客体对政策执行结果满意度不高；公共体育服务政策执行资源“浪费”与“短缺”并存。并在此基础上提出以科学的理论武装政策执行主体的头脑；提高执行客体主动作为的权利意识；加大执行资源投入力度，提高执行资源利用效率；推进政府机构改革，完善执行体制机制等对策建议，以期对我国公共体育服务政策执行效率的提高有所助益。

季谋芳（2013）[2] 分别以《全民健身计划（2011—2015 年）》《2011—2020 年奥运争光计划纲要》作为案例，分析其执行要素。然后由点及面，对体育公共政策执行中存在的问题、影响因素进行分析。最后在前面研究基础上提出体育公共政策执行的优化路径。

刘峥，等（2014）[3] 指出由于公共体育服务政策制定主体的权威性不够、利益主体之间的冲突、政策执行监管不力等原因，导致政策执行过程中出现了选择性执行、替代性执行、象征性执行等阻滞现象，要从根本上治理这些阻滞现象，应该完善公共体育服务政策结构、提升政策权威度、认清局部和全局的关系、健全公共体育服务利益平衡机制、加强公共体育服务政策执行的监督、健全责任追究机制。

体育公共政策按照不同标准可以划分不同类型，按照级别划分，有国家政策与地方政策；按照体育产品性质划分有事业政策与产业政策，等等。根据现有的政策，按照政策解决的问题性质来划分，大致可以有综合指导性政策、群众体育政策、学校体育政策、体育产业政策以及其他政策等。通过对相关文献进行梳理，我们发现目前关于体育政策执行的研究多集中于对于学校体育政策执行的关注，还有个别是对体育产业政策的研究。

---

〔1〕 刘霞．我国公共体育服务政策执行现状分析［J］．当代体育科技，2015，5（33）：150－151，153.

〔2〕 季谋芳．体育公共政策执行研究［D］．长沙：湖南师范大学，2013.

〔3〕 刘铮，唐炎．公共体育服务政策执行阻滞的表现、成因及治理［J］．体育科学，2014，34（10）：78－82.

2.2.2.2 学校体育政策执行的研究

潘凌云，等（2015）[1] 结合史密斯的政策执行过程模型，对我国学校体育政策执行中的困境进行分析，研究认为，学校体育政策执行是一项复杂、综合性的工程。要突破政策执行困境，必须深刻认识学校体育变革的整体性、系统性和协调性，要将层级治理、多属性治理与高位推动相结合，形成政策执行的整体性治理效应。深化制度的改造和创新，优化学校体育政策执行环境。

陶克祥（2012）[2] 认为学校体育政策是开展学校体育工作的有力支持和保障，学校体育政策执行力是学校体育政策任务完成和目标实现的重要手段。研究基于政策学的相关原理和学校体育政策执行力的内涵理解，学校体育政策执行力在实践中受到多种因素的影响，其中执行主体、执行客体、执行资源和执行文化是主要因素。

卢仁浩，等（2015）[3]、杨定玉，等（2014）[4] 和罗敦雄（2013）[5] 则具体从“阳光体育运动”政策角度出发，指出其实施一定程度上遏制了我国青少年体质急剧下降的态势，但在执行过程中存在执行尺度失当、执行角度偏离、执行力度不足、执行方式僵化等问题。其主要原因是政策利益不均衡、政策自身不完善、执行资源缺乏、环境欠佳、校长执行力不足以及缺乏有效的监督机制等。因此，应从政策自身的质量和水平、政策主体的执行水平和执行能力、政策对象的认同感和支持度、政策执行资源与环境、相关法律法规以及政策执行的监测体系等方面加以完善和优化。

---

〔1〕 潘凌云，王健，樊莲香．我国学校体育政策执行的制约因素与路径选择——基于史密斯政策执行过程模型的分析［J］．体育科学，2015，35（7）：27－34，73.

〔2〕 陶克祥．学校体育政策执行力及其影响因素［J］．现代教育管理，2012（6）：68－71.

〔3〕 卢仁浩，邹昀．对普通高校“阳光体育运动”执行情况的政策思考［J］．当代体育科技，2015，5（10）：157，159.

〔4〕 杨定玉，杨万文，黄道主，等．学校体育政策执行偏差的表现、原因与对策——以“阳光体育运动”的政策分析为例［J］．武汉体育学院学报，2014，48（1）：78－82.

〔5〕 罗敦雄．高校“阳光体育”政策执行的理性思考［J］．福建医科大学学报（社会科学版），2013，14（3）：56－60.

朱富明，等（2015）[1]、李捷（2008）[2]则分别对上海和北京等具体地区的学校体育政策执行情况进行了研究，然后由点及面，对体育公共政策执行中存在的问题、影响因素进行分析，最后提出体育公共政策执行的优化路径。这些研究将抽象的概念及模型运用到具体的领域，具有很强实际应用性。但多是对体育政策结果的分析，而对其过程关注不够。

2.2.2.3 青少年体育活动促进政策执行效力的研究

目前，学界对于青少年体育政策的相关研究甚少，仅见一篇。杨成伟，等[3]（2014）基于米特——霍恩政策执行系统模型的视角对青少年体质健康政策的有效执行路径进行研究。研究发现，政策目标层次偏低、功利性太强、政策法律效力低下，政策执行资源不足，政策执行手段单一、执行机制和监控机制不健全，政策执行机构互动不足、执行者政策认同度不高、执行动力不足和政策环境不利等因素，加上各因素之间相互作用使政策执行陷入困境。并在此基础上提出政策有效执行的优化路径：在提升政策目标层次、完善政策体系和拓宽政策资源的前提下，整合政策执行组织机构，丰富政策执行手段、完善执行机制与监督机制和优化政策环境，以提升执行主客体的政策认同。至今为止，人们对体育政策的研究多是政策结果的分析，而对其过程关注不够。与青少年体育活动政策执行相近的研究仅见1篇（张锡娟，2014）。

综上所述，青少年体育活动促进政策执行效力的文献资料尚未见报道。

---

〔1〕朱富明，冉强辉，张业安．中学体育政策执行力的影响因素与提升策略——以上海市20所中学为例［J］．武汉体育学院学报，2014，48（1）：78－82.

〔2〕李捷．北京市群众体育政策执行研究［D］．福州：福建师范大学，2008.

〔3〕杨成伟，唐炎，张赫，等．青少年体质健康政策的有效执行路径研究——基于米特－霍恩政策执行系统模型的视角［J］．武汉体育学院学报，2014，34（8）：56－63.

3 研究对象与研究方法

3.1 研究对象

本研究以我国各省市青少年体育管理部门对国家层面和国务院直属部委层面颁布的青少年体育活动促进政策执行效力为研究对象，具体对执行过程以及影响因素、政策执行效力以及影响因素进行了分析，构建青少年体育活动促进政策执行过程模型和执行效力模型。

3.2 研究方法

3.2.1 文献资料法

根据本研究的目的，主要从以下几个方面进行了文献资料的搜集和整理。有关青少年体育的理论与学校体育研究的文献；政策分析理论与政策执行研究的文献；体育体制改革与青少年体育发展趋势、管理体制及问题对策的研究文献；与青少年体育发展和学校体育相关的政府文件及政策制定和执行的相关文件条文；国家体育总局青少年体育工作的计划、总结，以及青少年体育发展现状研究的文献和具体的调查数据。

3.2.2 专家访谈法

为了达到本研究的目的，研究过程中对体育局工作人员、教育委员会工作人员、部分街道工作人员、部分学校教师，以及我国体育研究和公共政策研究的专家学者，就青少年体育活动促进政策执行效力的相关问题进行了开放式的非结构访谈。

在此基础上，重点对青少年体育活动促进政策执行效力模型进行了专家访谈，在青少年体育活动促进政策执行效力模型的初步建立后，针对模型合理性以及模型要素的相关问题向专家进行咨询，邀请国家体育总局有关领导以及青少年体育和体育管理领域10位专家通过面谈或者电子邮件的方式与专家进行访谈，访谈专家名单见表3-1，并且以调查问卷的形式将专家提出意见和对模型的修改建议进行统计，在此基础上对青少年体育活动促进政策执行效力模型进行优化。

表3-1 参与访谈的专家学者名单

姓名	工作单位	职称职务
徐××	国家体育总局青少年体育司	副调研员
陈××	国家体育总局青少年体育司	干部
靳××	中央财经大学	教授
王××	天津体育学院	教授
王××	中央财经大学	教授
邹××	天津体育学院	教授
王××	天津体育学院	副教授
孙××	天津师范大学	副教授
王××	山东大学	副教授
柳××	武汉体育学院	副教授

3.2.3 问卷调查法

按参与时间和地点的不同，青少年体育活动参与可以分为学校体育活动参与和校外体育活动参与，本研究选取中小学和国家级青少年体育俱乐部两类场所作为调查对象，以期更加全面地了解我国青少年体育活动政策执行状况。

3.2.3.1 中小学青少年体育活动促进政策执行问卷

对10省（区、市）体育局和教育系统管理人员进行问卷调查。采用特尔菲法及一般问卷调查对问卷内容进行检验，对10省（区、市）体育局、中小学青少年体育工作责任人及学生分别发放问卷。

本研究于2016年3—5月，采取等比例分层随机抽样的方法，从我国10省市（北京、天津、福建、广东、河北、山西、四川、陕西、甘肃、青海）全日制普通学校（含小学和中学）中抽取50所学校（省级示范学校和区镇学校各25所），其中，每所学校的校长1人，共50人，教师50人（省级示范学校和区镇学校各25人），学生300人（省级示范学校和区镇学校各150人）进行了问卷调查。

（1）问卷的设计

根据本文的研究目的和内容，按照设计调查问卷的基本要求，以青少年体育活动促进政策执行过程中校长和教师对政策的执行情况、学生参加体育锻炼情况以及校长、教师和学生对青少年体育活动促进政策的态度等几个方面，按不同的角色，分别设计了校长、教师和学生3套调查问卷（见附件3、4、5）。

（2）问卷的信度和效度检验

为了检验问卷的信度，对调查对象中的小部分进行了再测验，重测复数为25，两次相隔时间为20天。计算两次测验的相关系数 $R=0.92$，$P<0.01$，说明可靠性显著，两者存在高度相关，问卷的信度完全符合调查要求。

问卷的内容效度检验采用专家调查的方法。专家问卷的主要内容涉及青少年学生体育活动促进政策执行过程与青少年学生全面发展的关系、青少年体育活动促进政策执行过程中可能出现的问题、青少年体育活动促进政策执行过程中出现“偏离”现象的看法、影响青少年体育活动促进政策执行程度及相应的建议等。调查结果显示，有80%的专家认为问卷能够反映调查的总体内容。因而，调查问卷的内容是有效的，被调查者的基本状况可以较为真实地反映。专家组成情况见表3－2，专家对问卷的总体评价的结果见表3－3。

表3－2 专家组成情况（n=10）

	专家组成		
职称	教授	副教授	特级教师
人数	3	5	2

表3－3 专家对问卷设计的总体评价结果（n=10）

	非常合适	合适	基本合适	不合适	非常不合适
专家人数	0	8	2	0	0
百分比（%）	0	80	20	0	0

（3）问卷的发放与回收

3套问卷采用的形式为当面发放和回收。校长问卷共发放50份，回收50份，回收率100%；有效问卷48份，有效率96%；体育教师问卷共发放50份，回收48份，回收率为96%，有效问卷为45份，有效率为93.8%；学生问卷共发放300份，回收278份，回收率为87%，有效问卷为261份，有效率为93.90%。（表3－4）。

表3－4 调查问卷发放、回收情况统计表

	实发数	回收数	回收率（%）	有效数	有效率（%）
校长	50	50	100	48	96
体育教师	50	48	96	45	93.8
学生	300	278	87	261	93.9

3.2.3.2 国家级青少年体育俱乐部青少年体育活动促进政策执行问卷

本研究利用国家体育总局青少年体育司组织的“国家示范性青少年体育俱乐部（2016—2018）”评估与检查工作，通过青少年体育俱乐部申报平台（http：//www. qingtiwang. net/）发放“国家级青少年体育俱乐部现状调查”问卷，此问卷作为青少年体育俱乐部参评“国家示范型青少年体育俱乐部（2016—2018）”的必填问卷，共发放 551 份，回收了 551 份；在获取数据的基础上运用 spss 等统计软件、工具对网络调查问卷中本文所需的相关问题进行统计分析，保证了统计结果的科学性。

3.2.4 比较分析法

本文在研究“米德—霍恩的系统模型”和“中国公共政策执行效力模型”的基础上，将两模型进行对比研究。通过比较两个模型的异同对两者进行清晰了解，总结并提取两个模型中的要素，以此作为构建青少年体育活动促进政策执行效力模型的依据。

3.2.5 统计分析法

使用 SPSS18. 0 软件对本研究问卷调查的数据进行相关性、频数等统计处理。

4 理论基础与核心概念界定

4.1 理论基础

4.1.1 组织理论

组织最初是一个生物学的概念，之后引申到社会学和管理学的研究中，专指把众多的人集合起来，以实现一个共同目标和特定的人际关系构成的群体。中外许多学者都对组织的内涵进行了广泛而深入的研究，产生了不同的观点。

古典组织理论的研究者詹姆斯·D·穆尼（James D Mooney）认为，组织是每一种人群联合为了达到某种共同目标的形式。美国著名管理学家哈罗·孔茨（Harold Koontz）认为，组织是“正式的有意识形成的职务结构或职位结构。”詹姆斯G·马奇（James G March）和赫伯特·A·西蒙认为，组织是“相互关联的活动的系统，这种系统至少包含几个主要的群体，而且通常具有这样的特点——按照参与者的自觉程度，其行为高度理智地朝向人们一致认识的目标。”尤迪认为，“组织”是指那些具有明确的、有限的并且是公开宣告了其目标的“正式”组织，它们的形式是具有共同的、正式的目的，并要求人们与它建立一种正式的、带有契约性质的关系。组织关系的结构是由在一个领导人层次结构框架下，互相关联的正式群体集合而成的构架。我国学者孙成志和孙天隽认为，组织是存在于特定的社会环境中，由人群构成的，为了达到共同目标，通过责权分配和层次结构形成

的一个完整的有机体[1]。

古典组织理论认为，所有组织都共同拥有一种最佳的结构模式，即通过一种层级制的角度正式安排，组织生活用统一规定的、事无巨细的计划和制度来支配。

其中的结构主义理论，即以韦伯的“科层制”又译“官僚制”理论仍为分析实际生活中个各种组织形态提供着一种规范典型，并被人们广泛应用于各种组织设计当中，发挥着有效的指导作用[2]。官僚组织是各国公共政策执行组织的主要形式，影响着政策执行过程，担当着传达上级行政部门的决策信息之功能，其充当着协调和整合不同利益集团的作用，“人们不可能发明一种方法在没有官僚机构提供的组织、分工和专业的情况下进行大规模的社会工作”[3]。

韦伯（Max Weber）用合理——合法的职权观点论证了官僚制存在的合理性。韦伯认为，尽管社会组织在不同发展时期具有不同的性质和特质，但是权威和控制是各类社会组织都不可缺少的要素之一。韦伯认为有三种合法的权威，由此出现了三种不同的组织形态，即合理化—合法化组织、传统组织和神秘化组织。其中在合理—合法化组织中，权威的基础是依法建立起来的各种组织规则，人们对权威的服从是由于有了依法建立的等级体系。传统组织中的权威则是以不可侵犯的古老的传统和形式这种权利者的正统地位为依据的，先例和惯例是命令和权威的基础，整个社会管理组织呈现为高度的集权控制。在这种类型的组织中，权威具有明显的世袭性、封建性和绝对性的特点。神秘化的组织形态的权威则是以人们对个人特殊的超凡能力、英雄行为和楷模样板的崇拜和信仰为基础的。韦伯认为，在由上述三种权威所决定的三种组织类型中，只有合理型权威组织是依法通过公职或职位来进行理性化管理，并形成一个官僚制的组织结构，因而是“理想的”行政组织体制。理想的官僚制具有以下特征：有明确合理的职能分工；有明确的职务等级序列；有明确可行的规章制度；有明确正规的书面文件和档案制度；有非人格化的组织管理；有专业的培训机构[4]。

---

〔1〕 孙成志，孙天隽．组织行为学［M］．北京：中国金融出版社，2004：3.

〔2〕 苏忠林．公共组织理论［M］．武昌：武汉大学出版社，2007：45.

〔3〕 加布里埃尔·A·阿尔蒙德，小G·宾厄姆·鲍威尔，曹沛霖，等译．比较政治学——体系、过程和政策［M］．上海：上海译文出版社，1987：154－158.

〔4〕 王书彦．学校体育政策执行力及其评价指标体系实证研究［D］．福州：福建师范大学，2009.

政策过程，尤其是政策执行过程，一般是在复杂的组织形式中进行的[1]，组织是政策有效执行的载体和物质基础，只有在一定的组织中，政策执行活动才能取得合法的地位。青少年体育活动促进政策执行过程主要是在一定的教育组织，即中小学和青少年体育俱乐部中进行的，脱离了一定的教育组织，青少年体育活动促进政策执行者的活动就无法完成政策执行的目标。中小学组织是青少年体育活动促进政策执行的主要载体，科学、合理的中小学组织是青少年体育活动促进政策有效执行的基础，是形成高水平执行力的保障。青少年体育俱乐部是由政府倡导，中国体育彩票资助，依托各级各类学校、体校、体育场馆、社区和基层体育项目协会等社会体育资源，以培养青少年体育兴趣、爱好和终身体育锻炼习惯，传授体育运动技能，发现、培养体育人才和普遍增强青少年体质为主要目的社会化、公益性群众体育组织，为青少年提供体育技能培训、日常场馆的开放、组织体育活动、开展体育竞赛、开展体育交流等服务。学校体育课程与青少年体育俱乐部通过课内和课外两个途径提高青少年的体质水平，促进青少年身心健康、体魄强健。

本文主要以韦伯的科层组织理论作为理解青少年体育活动促进政策执行组织及建构青少年体育活动促进政策执行力的理论基础。从组织架构的角度来看，组织架构是否合理，在很大程度上决定着主体的执行力水平。合理高效的行政组织架构，可以最大程度减少执行摩擦，进而提高综合执行力，而组织架构不合理，则会损害组织的整体效应从而削弱政策在组织中的执行力。韦伯的科层组织理论是研究纵向组织结构的经典组织理论。该理论基于“理性人”的前提假设，认为组织通过严密的科层组织结构体系，形成一个从上到下的金字塔式等级结构，不同的层级职权对应着相应的责任。青少年体育活动促进政策执行活动一般是在层级严密的中小学教育组织机构中完成的，依靠教育组织自上而下层的层级结构发挥作用。教育政策执行机构的运行依赖于复杂的行政机构和官员体系，政府机构在政策执行中扮演着重要角色，而政府机构体系在大多数国家仍然以官僚制作为基本形式[2]。青少年体育活动促进政策是教育政策之一，政策的执行依赖于现行

---

〔1〕 米切尔·希尔．赵成根，译．现代国家的政策过程［M］．北京：中国青年出版社，2004：132.

〔2〕 毕正宇．教育政策执行模式［D］．上海：华东师范大学，2006：57.

的教育政策执行机构和官员体系。中小学和青少年体育俱乐部是最基层的教育执行组织，托尼·布什在《当代西方教育管理模式》一书中把学校管理组织模式归为六大类：正规模式、学院模式、政治模式、主观模式、模糊模式、文化模式。正规模式强调组织的正式结构是等级制，体现了组织中领导者的权威。尽管正规模式也有其局限性，但是至今学校教育管理不可能完全摆脱正规模式[1]，而官僚模式是正规模式中最为重要的模式。正因为官僚组织在现代社会组织的运作过程中发挥着不可替代的作用，它必然是建构青少年体育活动促进政策执行力的理论基础。

4.1.2 政策执行理论

20 世纪七八十年代，西方尤其是美国公共政策研究领域出现了一场研究政策执行的热潮，形成了声势颇大的“执行运动”，提出了关于执行研究的 4 种途径：① 自上而下途径，也称为“以政策为中心的途径”或“政策制定者透视”途径。这种途径假定政策是由上层规划或制定的，之后被翻译或具体化为各种指示，以便由下层的行政官员或职员执行。政策过程被看作是一种指挥链条，政治领导人形成政策偏好，这种偏好随行政层次的降低而不断被具体化，为下层行政官员执行。这种途径关注的焦点是政策制定者，要考察他们做什么以及如何将政策付诸实践而生效。② 自下而上途径。这种途径与“自上而下”途径相反，以组织中的个人（即参与政策过程的所有行动者）作为出发点，政策链条中的较低及最低层次被当作政策执行的基础，强调政策或项目的成功与否依赖于参与执行项目的行动者的承诺与技巧。③“政策/行动连续统”途径，该途径将以上两种途径综合起来考虑。政策制定者将作出限制其他行动者权力的决策，而行动者将作出规避决策者权力的决策。因而这一途径也可以说是以权力作为焦点的。④ 工具选择途径。这种途径从这样一个观察开始——政策执行在很大程度上包含了将一个或更多的政府的基本工具应用到政策问题上，这些基本工具成为政策工具。无论我们以“自上而下”设计的方式，还是以“自下而上”的更传统的行政管理方式来研究政策过程，给予政策决策的实质或形式的过程总是包含着在可利用的政策工具箱中

[1] 程振响，刘五驹．学校管理新视野［M］．南京：南京师范大学出版社，2000：96.

选择一种或几种工具[1]。这种途径可以回答为什么政府从许多可供利用的工具中选择特定的供给，以及是否可以在政策执行过程中探明供给选择的模式或风格问题。

4.2 核心概念界定

4.2.1 青少年体育活动促进政策

4.1.1.1 公共政策

对于公共政策的概念学者们给出了以下观点：公共行政学的创始人之一，伍德罗·威尔逊认为，公共政策是一个由政治家管理并由行政人员贯彻落实的法律和法规[2]。托马斯·R·戴伊认为，凡是由政府来决定做的或不做的事情就是公共政策[3]。詹姆斯·安德森认为，政策是一个有目的的活动过程，而这些活动是由一个或一批行为者，为处理某一问题或者有关事务而采取的[4]。从专业的语义学角度讲，政策即政治策略、政治谋略。古语云，“政”，“政治”“政务”，有规范、控制之义。“策”通常指“计谋、策略”。简言之，“政”和“策”就是管理国家、规范人们行为的一种谋略和规定。我国学者刘雪明认为，政策首先是一个活动过程，是政府的一种行为选择，由其做出某种计划，对社会价值进行分配，它可以表现为直接采取的行动过程或仅是一种态度[5]。张金马认为，政策是党和政府以法律规章、行政命令、政府首脑的书面或口头声明的形式，规范和领导有关机构和个人行为的准则[6]。陈庆云认为，公共政策是政府特定时期的目标依据

---

〔1〕 Christopher C. Hood, The Tools of Government, Chaham: Chatham House, 1986; Stephen H. Linder and B. Guy Peters," The Logic of Public Policy Design: Linking Policy Actors and Plausible Instruments", Knowledye in Society, 1999, 4: 125 –151.

〔2〕 伍启元．公共政策［M］．香港：商务印书馆，1989：4.

〔3〕 Thomas R. Dye, Understanding Public Policy (6th., ed.), Englewood Cliffs, N. J.: Prentice – Hall Inc., 1987: 2.

〔4〕 詹姆斯·E·安德森．公共决策［M］．北京：华夏出版社，1990.

〔5〕 刘雪明．政策执行过程研究［M］．南昌：江西人民出版社，2005. 9.

〔6〕 张金马．政策科学导论［M］．北京：中国人民大学出版社，1992，9.

社会公众利益进行选择、综合、分配和实施过程中的行为准则而制定的[1]。在政治实践中，“政策”主要表达三个方面的意思：一是战略、策略或谋略；二是行为规范或行动准则；三是政治行为。由此可见，政策可以是设计一种行为或规范一项行动，指行动或行为本身这一静态概念；可以是一种行动过程，也可是对某事件的态度；可以是公开的，也可以是秘密的。因此，当人们判断某项政策时，不能简单地依据一些口头或书面的政策声明，而主要看政策主体采取的实际行动。

通过对上述观点的分析，公共政策有以下特点：首先，公共政策是由国家、政府以及其他政治团体所制定的计划、规划或采取的行动，具有法定的权威性；其次，公共政策具有特定的价值取向，要实现特定的目标和目的；第三，公共政策是由一系列的活动所构成的过程，用以调整相关利益关系的整治行动过程。综合学者们的观点以及对公共政策特点的理解，本文将公共政策定义为：公共政策是各级政府针对特定组织或人群，为了实现某个目标而制定的一系列法规、命令、措施、办法，计划和方案等。

4.1.1.2 青少年体育活动促进政策

青少年体育活动促进政策本质上是一种公共政策，其概念是按照属加种差定义法进行界定的。根据公共政策的含义，本文认为青少年体育活动促进政策是政府主管部门为促进青少年体育活动开展而制定的法规、命令、措施、办法等的总称。青少年体育活动促进政策具有权威性，体现了各级政府对促进青少年体育活动开展的要求、意志与愿望。青少年体育活动促进政策的概念包含以下内容：第一，青少年体育活动促进政策是为了促进青少年体育活动开展，满足青少年参加体育活动需求方面的公共利益；第二，青少年体育活动促进政策的决策者涉及多部门，而不是由单方面决定的；第三，青少年体育活动促进政策服务于一定时期中，每一项政策都有、目标、方案、措施、行动步骤这几项内容。

按照青少年体育活动促进政策的内涵及外延，依据公共政策的分类标准，按照政策效力层级以及政策影响范围的大小，由高到低可将青少年体育活动促进政策划分为国家层面政策、国务院直属部委层面政策和各地方层面政策。“国家层面

[1] 陈庆云．公共政策分析［M］．北京：北京大学出版社，2011.4.

政策”是指由中共中央、国务院面向全国范围颁布的一系列以促进青少年体育活动开展为根本目标的政策文件，如2007年中共中央国务院颁布的《关于加强青少年体育增强青少年体质的意见》（中发〔2007〕7号）；“国务院直属部委层面政策”是指由国务院直属各部委在全国范围内颁布的一系列促进青少年体育活动开展为根本目标的政策文件，据统计目前颁布过青少年体育活动促进政策的相关部委包括：国家体育总局、教育部、发展改革委、财政部等。如2006年教育部、国家体育总局、共青团中央联合颁布的《关于开展全国亿万学生阳光体育运动的决定》。“地方层面政策”是指各省市及其地市在其区域范围内颁布的一系列促进青少年体育活动开展的政策文件，如《上海市关于切实提高青少年学生身心健康水平实施学生健康促进工程的通知》。

按照政策结构复杂程度的标准可将青少年体育活动促进政策分为综合政策和单项政策两种类型。“综合政策”指的是各级政府颁布的系统性政策文件，内容中涉及对多方面事务的要求，促进青少年体育活动开展作为政策内容中的一部分在政策中的某一章、节中做出明确规定：如《全民健身计划（2011—2015年）》是国务院颁布的一项保障公民参加体育健身活动的合法权益的综合性体育政策，内容中提出了对各项体育事业的多方面要求，“切实加强青少年体育”作为其中一部分内容在工作措施的第五模块中被提及；“专项政策”则是指各级政府颁布的专门针对青少年体育工作或青少年体育的某一方面的政策，如《青少年体育“十二五”规划》是国家体育总局颁布的专门针对青少年体育下发的政策文件，旨在促进青少年体育活动的全面、协调开展。

表4-1　2006—2016年国家层面和国务院直属部委层面颁布青少年体育活动促进政策一览

级别	政策名称	颁布部门（级别）	政策类型	时间
国家层面	《关于加强青少年体育增强青少年体质的意见》	中共中央、国务院	专项政策	2007
	《关于进一步加强和改进新时期体育工作的意见》	中共中央、国务院	综合政策	2007

续表

级别	政策名称	颁布部门（级别）	政策类型	时间
	《全民健身条例》	国务院	综合政策	2009
	《国家中长期教育改革和发展规划纲要（2010—2020年）》	国务院	专项政策	2010
	《关于全面深化改革若干重大问题的决定》	十八届三中全会	综合政策	2013
	《关于促进健康服务业发展的若干意见》	国务院	综合政策	2013
	《"健康中国2030"规划纲要》	中共中央、国务院	综合政策	2016
	《关于强化学校体育促进学生身心健康全面发展的意见》	国务院办公厅	专项政策	2016
国务院直属部委层面	《关于开展全国亿万学生阳光体育运动的决定》	教育部、国家体育总局、共青团中央	专项政策	2006
	《关于进一步加强学校体育工作切实提高学生健康素质的意见》	教育部、国家体育总局	专项政策	2006
	《体育事业发展"十二五"规划》	国家体育总局	综合政策	2011
	《青少年体育"十二五"规划》	国家体育总局	专项政策	2011
	《切实保证中小学生每天一小时校园体育活动的规定》	教育部	专项政策	2011
	《关于进一步加强学校体育工作的若干意见》	教育部、发展改革委、财政部、国家体育总局	专项政策	2012
	《关于申报2012年国家级青少年体育俱乐部的通知》	国家体育总局办公厅	专项政策	2012
	《关于申报2013年国家级青少年体育俱乐部的通知》	国家体育总局办公厅	专项政策	2013
	《关于加快发展体育产业促进体育消费的若干意见》（国发［2014］46号）	国务院	综合政策	2014

续表

级别	政策名称	颁布部门（级别）	政策类型	时间
	《关于申报2014年国家级青少年体育俱乐部的通知》	国家体育总局办公厅	专项政策	2014
	《关于加快构建现代公共文化服务体系的意见》	中共中央办公厅、国务院办公厅	综合政策	2015
	《关于申报2015年国家级青少年体育俱乐部的通知》	国家体育总局办公厅	专项政策	2015
	《青少年体育“十三五”规划》	国家体育总局	综合政策	2016
	《关于资助命名“国家示范性青少年体育俱乐部（2016—2018）”的通知》	国家体育总局办公厅	专项政策	2016

4.2.2 青少年体育活动促进政策执行过程

政策执行过程从本质上讲是一个多元参与者互动的政治过程，它包含了一些基本程序或一系列功能活动。陈庆云认为，政策执行过程包括三个阶段，政策执行的准备阶段，实施阶段和总结阶段[1]。本文将政策执行过程理解为一个动态过程，是一种自觉的有目的的社会行为。它是政策执行主体运用各种政策资源，通过建立组织机构，采取宣传、实施、协调和监控等行动，将政策观念形态的内容转化为实际效果，从而使既定政策目标得以实现的活动过程。

把对政策执行过程的理解应用到青少年体育活动促进政策执行过程中，本文认为，青少年体育活动促进执行过程是指：将青少年体育活动促进政策观念形态的内容转化为实际效果，使既定的青少年体育活动促进政策目标变成现实的一个活动过程。

[1] 陈庆云．公共政策分析［M］．北京：北京大学出版社，2011.4.

4.2.3 青少年体育活动促进政策执行效力

4.2.3.1 执行效力

在管理领域，“执行”一词对应的英文是“execute”，其意义主要有两种，一是指对规划的实施，二是指完成某种困难的事情或变革。我国《现代汉语大词典》将“执行”解释为“实施或实行政策、法律、计划、命令、判决中规定的事项”。可见，国内外对“执行”的理解基本相同。在企业界，执行被认为是完成任务的学问，执行是目标与结果之间不可缺失的一环，是一套通过提出问题、分析问题、采取行动的方式来实现目标的系统流程。简单地说，执行就是“做”，是把计划变成行动，把行动变成结果。拥有“中国执行研究第一人”美誉之称的我国学者周永亮认为，执行是形成决策、制订具体计划之后，达成目标的具体行为，而确保执行完成的能力和手段构成了执行效力[1]。执行效力是一整套行为和技术体系，它存在于组织中的每一个环节、每一个层次、每一个阶段、每一份工作中。执行效力可以从团队和个体两个维度理解：从团队维度来看，执行效力是企业将高层决策不折不扣地加以实施以取得预期效果的能力；从个体维度来看，执行效力是“按质按量按时完成自己的工作和任务的能力。综上所述，企业管理领域的执行效力是指企业执行战略和在日常运营中、取得预期效果的能力、手段和技术体系的总称，既包括各个层次人员的个人执行效力，也包括企业作为一个组织的执行效力，二者互为基础、缺一不可，共同构成了企业的整体执行效力。

4.2.3.2 政策执行效力

在政策学领域，传统观念认为政策方案的制定决定着政策的成败。因此，直到20世纪70年代之前，政策执行并未受到应有的重视。但20世纪70年代，随着美国联邦政府的创造就业机会的政策项目——“奥克兰计划”的失败，引发了政策学者对于政策执行意义和价值的思考。普莱斯曼和威尔达夫斯基就此项目进行跟踪调查而形成的研究成果《执行华盛顿的期望在奥克兰市破灭》认为政策执行是政策制定和政策评估之间“被遗忘的环节”，人们认识到政策失误或失败的原因

〔1〕 时希杰．企业执行力理论与创新研究［D］．天津：天津大学，2005.

之一就是政策执行出现偏差。可见，执行无论对于以盈利为目的、以利润为价值判断标准的企业领域，还是在以实现公共利益为宗旨的政策领域都具有重要的作用和意义。

英文中的政策执行（Policy Implementation）是指“把政策付诸实施落实”。我国《辞海》将“执行”定义为“把政策法令或计划等付诸实施”。西方学术界自其成为规范性研究之时，对“政策执行”就形成了两种主要观点，一是行动的观点，另一个是组织的观点。行动学派认为政策执行是一定的机关或人员为了实现既定的政策目标而采取的各种行动。其主要代表人物是查尔斯·奥·琼斯、G·爱德华兹（G. C. Edwards）和C·霍恩等。查尔斯·奥·琼斯认为：“政策执行是将一项政策付诸实施的各项活动，在诸多活动中，尤以组织（建立政策执行机构，拟定执行的办法，从而实现政策目标）、解释（政策内容转化为民众所能接受和理解的指令）和实施（由执行机构提供例行的服务与设备，支付经费，从而完成预定的政策目标）三者最为重要[1]。”爱德华兹（Cx C. Edwards）认为政策执行是指一系列的“发布命令、执行指令、拨付款项、办理贷款、给予补助、订立契约、收集资料、传递信息、委派人事、雇佣人员、创设单位”的活动过程[2]。C·霍恩等认为“政策执行指公私人民或团体为了致力于先前政策决定所设立的政策目标的实现而采取的各项行动。这些行动可以归为两大要项：一是将政策转化为可以运作的努力，二是为实现政策所确定的目标而作出持续的努力[3]。”可见行动学派强调一系列的执行活动对于政策执行的重要性。组织理论学派强调，任何政策都是经由一定的组织得以执行的。没有一定的组织为依托，没有一定的组织化的努力，任何政策目标都只能停留在政策构想的阶段。因此，尽管造成政策执行不力的原因可能是多方面的，但政策组织问题是其关键性的原因之一。组织理论的代表人物之一C·P·斯诺和L·特里林指出：“任何一项化观念为行动的作为都涉

〔1〕 Charles O. Jones. An Introduction to the Study of Public Policy（3ed.）. Monterey，Califomia：Brooks/Coles Publishing Company，1984：166.

〔2〕 G C. Edwarda ID，I. Sharkansky，ed. The Policy Predicament（San Francis－co：W. H. Freeman and Co. 1978.

〔3〕 C. E. Van Horn，D. S. Van Meter. The Implementation of Intergovernmental Policy，in C. O. Jones and R R Thomas（eds.）Pubic Policy Making in Federal System（Beverly Hills：Sage Publications，1976：45.

及某种简化工作，而组织机构正是从事这种简化工作的主体，是它们把问题解剖成具体可以管理的工作项目，再将这些项目分配给专业化的机构执行。于是只有了解组织是怎样工作的，才能理解所要执行的政策，也才能指导它在执行中是如何被调整和塑造的。”通过对两种学派关于政策执行的阐述，可以看出：如果我们从系统论的观点来看，它们只是从不同的角度或侧面表现出了政策执行的同一重要性而已。综合两种观点，我国台湾学者林水波、张世贤认为，政策执行是一种动态过程，在整个过程中，负责执行的机关与人员组成各种必要的要素，采取各种行动，扮演管理的角色，进行适当的裁量，建立合理可行的规则，培塑目标共识与激励士气，应用协商化解冲突，以成就某项特殊的政策目标[1]。张金马将之界定为：“政策执行者通过建立组织机构，运用各种政策资源，采取解释、宣传、实验、实施、协调与监控等各种行动，将政策观念形态的内容转化为实际效果，从而使既定的政策目标得以实现的动态过程”[2]。陈振明指出，“政策执行是政策执行者通过建立组织机构，运用各种政策资源，采取解释、宣传、实验、实施、协调与监控等各种行动，将政策观念形态的内容转化为实际效果，从而实现既定政策目标的活动过程”[3]。我国两位学者在肯定组织和行动在政策执行中的重要性之外，同时强调了政策执行的动态性。

如果简单地把公共政策执行看作是将公共政策的贯彻实施，那么公共政策执行效力就是公共政策贯彻执行的准确程度和完成既定目标的程度。政策执行效力与效果是不同的概念。首先，效果关注结果，以结果为导向；效力关注政策执行质量及其影响因素，以过程为导向。其次，效果具有滞后性，即效果往往事后得出；而效力具有可控性，在政策执行的过程中，通过改变影响政策执行质量的变量来改进政策执行。最后，效果是单一指标；效力是比例指标，衡量效力的指标往往是现实效果与实际效果之比，效力与效果正相关。研究政策执行效力主要是研究可能影响政策执行效力的变量以及它们之间的微妙关系，在实际政策执行的过程中做到事前预防、事中调整、事后纠错，有针对性地提高政策执行效力。

---

〔1〕 陈振明．公共政策分析［M］北京：中国人民大学出版社，2003：225.

〔2〕 张金马．公共政策分析：概念、过程、方法［M］．北京：人民出版社 2004：383.

〔3〕 陈振明．政策科学—公共政策分析导论（第二版））［M］．北京：中国人民大学出版社，2003：260.

4.2.3.3 青少年体育活动促进政策执行效力

关于公共政策执行效力的概念，有学者认为公共政策执行效力是行政行为的法律效力隐含在行政行为之内，在法律的监督下行政人员对政策执行的完成程度[1]。还有学者认为公共政策执行效力就是公共政策贯彻执行的准确程度和对既定目标的完成程度。这里的准确程度和完成程度主要是依靠政策执行主体对政策本身的认知转化以及对影响政策质量相关变量的运用程度来完成的[2]。

青少年体育活动促进政策是国家为实现青少年参与体育活动的目的，以权威形式标准化地规定在一定的历史时期内应达到的目标，遵循的行动原则、完成的明确任务、实行的工作方式、采取的一般步骤和具体措施，表现为一系列的法规、命令、措施、办法，计划和方案等。根据本文对政策执行效力的界定，青少年体育活动促进政策执行效力是指青少年体育活动促进政策执行主体为实现青少年参与体育活动的目标，整合、使用组织内外资源，完成青少年体育活动促进政策任务的准确程度和既定目标的实现程度。

公共政策执行效力水平受多种因素的影响，包括公共政策本身，公共政策执行主体，公共政策环境等[3]。同样，青少年体育活动促进政策执行效力也会受多种因素的影响，这正是本文所要研究的重点，本文将根据青少年体育活动促进政策执行效力的影响因素来构建青少年体育活动促进政策执行效力模型。目前由于对公共政策执行效力的研究较少且易将执行效力与执行效果相混淆，因此需要进行明确，这对本文的后续研究是十分必要的。青少年体育活动促进政策执行效力与执行效果的概念是既有区别又有联系的。两者区别在于“执行效果”是政策经过一系列执行过程后对于是否达到政策最终目标的判断；而“执行效力”是研究政策执行过程中能够影响或改变政策执行质量的变量以及变量之间的关系。两者联系在于“执行效力”与“执行效果”是正相关的关系[4]。执行效果直接受执行

---

〔1〕 倪伟光．影响我国公共政策执行效力的因素分析［J］．甘肃农业，2006，（11）：38.

〔2〕 吕俊杰．当代中国公共政策执行效力探析［J］．郑州航空工业管理学院学报，2006，（4）：105－108.

〔3〕 史俊霞．影响公共政策执行效力的因素分析［J］．商业经济，2008，（8）：96.

〔4〕 吕俊杰．当代中国公共政策执行效力探析［J］．郑州航空工业管理学院学报，2006，（4）：105－108.

效力相关要素的影响。本文在调查分析青少年体育活动促进政策执行现状的背景下，借助公共政策理论中分析政策执行效力影响因素的相关模型，确立我国确立青少年体育活动促进政策执行效力影响因素，以此构建青少年体育活动促进政策执行效力模型，最终通过调控政策执行效力影响因素的方式提高青少年体育活动促进政策执行效力的水平。

5 青少年体育活动促进政策执行过程分析

5.1 青少年体育活动促进政策执行过程模型

政策执行过程是执行效力优劣的决定因素，青少年体育活动促进政策的前期宣传、执行过程中的各种人力、物力、信息等资源的整合使用情况、监督管理是否到位都直接影响着政策执行效力。因而，本部分首先采用规范分析方法从理论层面探讨我国青少年体育活动促进政策执行过程模型，分析影响青少年体育活动促进政策执行过程的因素，其次，利用问卷调查数据和实地考察的资料对青少年体育活动促进政策的执行过程进行分析，探讨青少年体育活动促进政策执行过程中的障碍因素，为提升政策执行效力，提出有针对性的建议提供实证依据。

模型是根据实物、图样放大或缩小而制作的样品，一般用于展览或实验[1]。模型突出了原有事物的基本特征，忽略了事物中的次要因素，使复杂且不稳定的事物变得易于接受。模型可分为具体模型和抽象模型。具体模型，如建筑模型、汽车模型、交通地图等。而抽象模型主要是指通过语言、符号、图表等抽象形式反映原型内在联系和特征的模型[2]。在政策研究中运用的模型是概念性的模型，它从属于抽象模型。这些模型可用于以下方面：有助于确定政策问题的重要方面；

〔1〕 中国大词典编纂处．汉语词典［M］．北京：商务印书馆，2013：256.

〔2〕 谢明．公共政策导论［M］．北京：中国人民大学出版社，2015：74.

有助于我们简化理解、解释公共政策并进一步预测其结果；通过关注政治生活的主要特点，促进我们的相互交流。

5.1.1 青少年体育政策执行过程模型构建依据

政策执行在本质上是一个多元参与者互动的政治过程，它包含了一些基本程序或一系列功能活动。我们在做一件事情时，常会有计划、有行动、有总结。有的学者将这一步骤迁移到政策执行过程中，将其分为前中后三个阶段，前一阶段是准备阶段，中间的阶段为实施阶段，后一阶段就是对政策的总结阶段[1]。有的学者将政策执行过程环节简明、具体化，认为政策宣传、政策分解、物质准备、组织准备、政策实验、全面实施、协调与监控构成了政策的执行过程[2]。还有的学者将整个执行过程大致划分为政策宣传、组织实施、监督检查三个阶段[3]。根据各学者的观点，本人认为政策执行活动作为一种自觉的有目的的社会行为，具有一定的逻辑顺序。因此，将各学者的观念总结如下（表5－1）。

表5－1 学者对政策执行过程环节的划分

年份	环节人	政策理解	政策宣传	政策分解	物质准备	组织准备	政策实验	全面实施	协调	监控	总结
2003	陈振明		√	√	√	√	√	√	√	√	
2005	刘雪明		√	√	√	√	√	√		√	
2006	马海涛 温来成[4]	√	√		√	√		√	√	√	√
2011	陈庆云		√	√	√	√	√	√	√	√	√
2011	谢明[5]		√	√	√	√	√	√	√	√	
2012	宁骚[6]	√	√	√	√	√	√	√		√	√

〔1〕 陈庆云．公共政策分析［M］．北京：北京大学出版社，2011.4.
〔2〕 陈振明．政策科学——公共政策分析导论（第二版）［M］．北京：中国人民大学出版社，2005.6.
〔3〕 刘雪明．政策执行过程研究［M］．南昌：江西人民出版社，2005.9.
〔4〕 马海涛，温来成．公共政策学［M］．北京：中国财政经济出版社，2009.1.
〔5〕 谢明．公共政策分析概论［M］．北京：中国人民大学出版社．2011.6.
〔6〕 宁骚．公共政策学（第二版）［M］．北京：高等教育出版社．2012.9.

从表5－1可以看出，大部分学者在政策宣传、物质准备、组织准备、全面实施、监控方面达成了共识。因此，笔者归纳各学者观点，并结合青少年体育活动促进政策执行过程的具体实际，认为理想的青少年体育活动促进政策执行过程环节应包括政策实施方案及配套制定、政策宣传、物质准备、组织准备、全面实施、协调和监控。

5.1.2 青少年体育政策执行过程模型要素分析

在具体的执行过程中，青少年体育活动促进政策的执行应按照下面的流程进行。（图5－1）

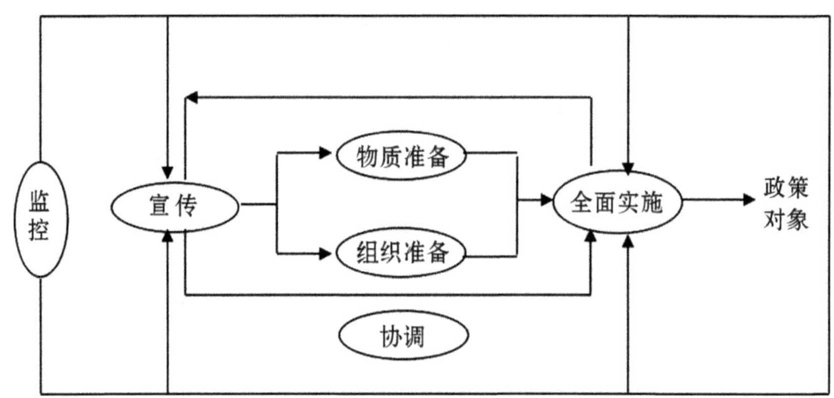

图5－1 青少年体育活动促进政策执行过程模型

一项青少年体育活动促进政策想要达到预期效果，首先需要制定政策实施方案及配套政策，这是连接政策颁布与政策执行的中间环节，政策颁布后要通过一系列的细化方式来保障政策下达后通畅、顺利的执行。

其次，要让人了解具体的政策内容，而在这一过程中，青少年体育活动促进政策的宣传工作就起到了关键性作用。要使青少年体育活动促进政策得到有效执行，必须首先统一人们的思想认识，青少年体育活动促进政策宣传就是统一学校、学生、家长思想认识的一个有效手段。青少年体育活动促进政策的执行者只有明

确政策的意图、掌握政策实施的具体措施，才有可能积极主动地贯彻青少年体育活动促进执行政策。

第三，物质准备是青少年体育活动促进政策执行的保障条件，也是政策执行顺利进行的经济基础。政府和教育主管部门作为政策执行主体，应有足够的重视，创造条件在经费、人力和物力资源以及信息资源等方面予以优先保障。

第四，青少年体育活动促进政策的执行过程就是把理想变成现实的过程。因此，青少年体育活动促进政策执行过程中的全面实施是核心内容，在青少年体育活动促进政策实施过程中操作性、程序性最强，涉及面最具体、最广泛。全面实施环节要求严格遵循青少年体育活动促进政策执行的基本原则，充分发挥青少年体育活动促进政策执行的功能要素，强化过程，强化监控，统筹兼顾，以保证青少年体育活动促进政策目标的圆满实现。

第五，青少年体育活动促进政策的协调是指在政策执行过程中采取适当方式调节各项行为，解决或者消除各种矛盾与冲突，引导青少年体育活动促进政策执行主体之间或目标群体之间（即教育主管部门、学校、学生）互相配合，和谐一致地实现青少年体育活动促进政策目标的一系列行为。任何青少年体育活动促进政策的执行过程中都不可缺少协调，因为：第一，青少年体育活动促进政策执行是青少年体育活动促进政策运行过程中时间长、程序复杂、环境多变的环节，往往需要许多工作人员甚至是多个部门共同执行，由于各部门或个人的工作职责、工作作风及工作态度不同，如果不能在各部门、各人员之间进行协调，保持统一步调和方向，将不能发挥组织的最大效率，而且还会造成巨大浪费。第二，青少年体育活动促进政策通常会涉及利益调整，青少年体育活动促进政策执行过程中会产生利益主体之间的摩擦和矛盾。如果不能有效地协调双方之间的关系，青少年体育活动促进政策将难以执行或者将使执行效果大打折扣。

第六，监督管理是青少年体育活动促进政策执行过程中的保障环节。青少年体育活动促进政策执行是众多执行机构（如各级教育部门）和执行者（体育教师、校领导）共同进行的，由于执行者的思想认识、文化素养、工作经验以及个人品质等方面的差异，或者是由于青少年体育活动促进政策制定者与执行者之间存在的利益差别的影响，常常会使青少年体育活动促进政策执行活动出现偏离政策目标的不良现象，因此，必须对整个青少年体育活动促进政策执行活动进行监督检查，以便及时纠正偏差，保证青少年体育活动促进政策方案得到全面正确的贯彻执行。

5.2 青少年体育活动促进政策执行过程现状

5.2.1 政策实施方案及配套政策制定

制定政策实施方案及配套政策是连接政策颁布与政策执行的中间环节，政策颁布后要通过一系列的细化方式来保障政策下达后通畅、顺利的执行。各省市青少年体育管理部门对于政策细化一般采取官方的、权威的方式。在对一系列青少年体育活动促进政策调查分析中，发现制定政策实施方案及配套政策的工作开展并不到位。作为青少年体育活动促进政策的一项重要政策《青少年体育“十二五”规划》（以下简称《规划》）是国家体育总局在加快转变体育发展方式、深化体育改革、建设体育强国重要时期颁布的。通过查阅和梳理全国 31 个省、自治区、直辖市和新疆建设兵团“十二五”期间制定《规划》实施方案和配套政策发现：只有安徽省和山西省两个省份根据《规划》并结合本地区青少年体育工作开展情况制定配套实施方案，分别出台《安徽省青少年体育“十二五”规划》《山西省青少年体育“十二五”规划》。出台政策的省市数量仅占总比的 6.25%，其他省市地区均没有出台区域内青少年体育“十二五”规划。在制定《规划》配套政策方面各省市间进展不一致。在 2011—2015 年期间，共有 8 个省市先后制定了地区内青少年体育发展配套政策。广东省下发了《关于进一步加强和改进青少年体育工作的意见》；山东省颁布了《关于进一步加强全省青少年体育工作的意见》；浙江省制定实施了《地方体育事业发展转移支付资金管理暂行办法的通知》《扶持体育发展转型资金管理办法的通知》；上海市出台了《关于深化本市体教结合工作的意见》；山西省出台了《学校体育场馆向公众开放工作实施办法》；安徽省印发了《关于进一步加强学校体育工作深化体教结合的意见》；辽宁省出台了《省级青少年体育俱乐部创建及管理办法》；天津市出台了《青少年体育注册管理办法》；内蒙古自治区研究制定了关于青少年体育组织创建、命名管理办法和评估标准实施细则等规范性文件，除了这些省市之外其他地区均未对制定配套政策，出台政策的省市数量占总比的25%。由此可见多数省市未能利用官方的权威性采取行之有效的方式，制定政策实施方案及配套政策方面的投入力度较小。

5.2.2 政策执行过程中的宣传推广

青少年体育活动促进政策的宣传推广是指各省市青少年体育管理部门能够按照政策的既定目标和要求采取行之有效的措施，提高区域内对政策的认可度。一项政策活动的执行并不是由单一个体可以完成的，它需要众人的协作。由此，统一人们的思想是有效执行政策的首要问题。而政策宣传就是很好的手段。政策执行者只有充分理解了政策的意图和知晓了政策实施的具体措施，才能积极主动地执行政策。同理，青少年体育事业要获得长足发展，必须在全社会大力宣传相关的青少年体育活动促进政策，青少年体育活动促进政策对象只有知晓了政策，才能理解政策；在充分理解政策的基础上，才能自觉地接受和遵循。因此，各级政策执行机构应努力运用各种手段，利用各种宣传工具，大张旗鼓地宣传青少年体育活动促进政策的意义、目标，宣传实施青少年体育活动促进政策的具体方法和步骤，积极营造青少年体育活动氛围，才能增强青少年对体育运动意义的理解和参与度，为正确有效地执行青少年体育活动促进政策打下坚实的思想基础。

中华人民共和国成立至今，党和政府高度重视青少年体质健康，并针对各个时期青少年体质健康状况，制定实施了相应政策，鼓励和推动青少年积极参加体育锻炼。这些青少年体育政策的贯彻和执行在一定程度上都促进了青少年体质健康发展。

5.2.2.1 学校青少年体育活动促进政策的宣传

青少年是执行体育活动促进政策的直接受益群体，他们对政策的了解程度直接放映了政策制定部门与执行部门的宣传力度与宣传效果。以青少年体育活动促进政策目标群体——青少年（包括中小学学生）对政策的了解程度为例。从表5-2所显示的调查结果来看，青少年（包括中、小学生）对政策的了解程度普遍较差，除对目标一般了解的人数稍多一些外（占42.53%），对青少年体育活动促进政策（如阳光体育运动）所涉及的基本理念、内容、目标有比较了解的却分别仅占到19.16%、18.01%、24.90%，尤其对于基本理念和内容不了解的甚至接近或超过了半数，分别占47.13%和52.49%，通过这一系列的具体数据可见，大部分学校和体育老师极其缺乏向学生进行青少年体育活动促进政策的宣传和解读。

表5－2　学生（包括中、小学生）对青少年体育活动促进政策的了解情况（n＝261）

选项内容	基本理念		内容		目标	
	人数	%	人数	%	人数	%
比较了解	50	19.16	47	18.01	65	24.90
一般	88	33.72	77	29.50	111	42.53
不了解	123	47.13	137	52.49	85	32.58

在调查中发现，青少年对政策的理解和认同感还不强，从调查结果（表5－3）来看，大部分青少年对青少年体育政策的颁布持无所谓的态度，占被调查对象的56.32%，只有25.29%的学生持肯定态度，还有18.39%的学生持否定态度。

表5－3　学生对颁布青少年体育活动促进政策所持的态度（n＝261）

	肯定	无所谓	否定
人数	66	147	48
百分比（%）	25.29	56.32	17.39

这些情况说明，一方面作为政策目标群体的学生受应试教育影响严重，另一方面作为政策执行主体的学校宣传政策做得不深不细。应试教育和高考压力较大，学生没有过多的时间和精力参加体育活动，这也是不争的事实。但另一方面与政策宣传不深入、缺乏对学生进行政策解读有关。学生对体育政策的理解肤浅，对为什么要加强青少年体育、增强青少年体质的认识不明确。没有认识到体育不仅能够促进身心健康，而且对于矫正个人的行为及生活习惯、促进个性发展有着重要意义，没有认识到体育与生活的重要关系。

从目前中小学生参与体育运动的实际情况看，有相当的中学生因为忙于功课完成，在课间或课后没有来到操场、来到阳光下参加“阳光体育”运动。调查得

知，目前许多中学生每天锻炼一小时的要求未能实现。学生围着文化课转，无暇顾及体育活动。“阳光体育”运动是一项结合《学生体质健康标准》实施的系统工程，该政策的执行主体不单单是政府、教育和体育行政部门等，还有学校和学生本人。只有让各类执行主体感觉到“阳光体育”运动的实施效果与自身的利益是紧密相连的，才能确保各自贯彻该政策的积极性和主动性。鉴于中学生目前参与体育活动的意识不强、主动性不够、体育在升学方面的弱功利性等情况，学校不仅要加大政策执行过程中的宣传力度，紧密结合学生实际，突出针对性、实效性，而且有关部门应考虑在高考招生中适当增加体育成绩，从机制上为落实青少年体育活动促进政策创造先机，提供保证。

2007 年 5 月 7 日，中共中央国务院《关于加强青少年体育增强青少年体质的意见》的发布，是顺应青少年体育事业发展的时代要求而做出的一项重要决策，受到了社会的广泛关注，尤其在教育主管部门和学校开展了一系列的学习宣传活动。笔者走访了山西省阳泉市城区 26 所小学和中学，这些学校宣传政策的热情较高。阳泉市下站小学还成立了领导小组，由一名副校长挂帅，对 7 号文件精神的宣传贯彻进行组织领导，不仅在校园出墙报、挂标语，还给当地媒体撰写稿件，宣传 7 号文件精神，这些宣传工作营造了浓厚的学生体育活动氛围，对引导学生参与体育运动发挥了积极作用。其做法也给我们在政策宣传上以有益的启示。

5.2.2.2　青少年体育俱乐部青少年体育活动促进政策的宣传

青少年体育俱乐部是开展校外体育活动的主要场所，各省市体育管理部门对于涉及青少年体育俱乐部建设的青少年体育活动促进政策的宣传推广情况，很大程度上反映了校外青少年体育活动促进政策的宣传情况。

青少年体育俱乐部作为开展青少年体育活动的组织平台和活动园地，自建立以来就得到了国家及社会各界的广泛关注。在国家层面和国务院直属部委层面出台的一系列青少年体育活动促进政策中，涉及青少年体育俱乐部发展要求的政策共有 5 项，其中《关于加强青少年体育增强青少年体质的实施意见》中就明确指出：“举办青少年体育俱乐部……加大青少年体育俱乐部创建工作力度，为青少年学生参加体育活动提供组织保障和服务。”这说明了青少年体育俱乐部建设是青少年体育活动促进政策的一项重要要求，通过对各省市青少年体育俱乐部的数量和分布的调查能够直观反映出政策宣传、推广的效果。根据调查数据显示截止到2015年底全国各地青少年体育俱乐部数量共计6150个（表5-4）。6150个青少年体育俱乐部总体分布不均衡，整体上看，青少年体育俱乐部在西部地区创办和发展仍处于较缓慢状态，且与中、东部地区差距较大，东部地区青少年俱乐部数量占总数的48%，西部地区仅占22%。西部地区9个省市中7个都达到了100个以上的数量，但是创办最多的四川，数量是259个，比东部最多的浙江差距将近一倍。

表5-4　截至2015年青少年体育俱乐部全国分布

东部省市	浙江	江苏	广东	山东	北京	上海	河北	天津	辽宁	福建	广西	海南	合计
数量	599	579	397	120	168	185	283	118	198	118	124	28	2917
中部省市	安徽	河南	吉林	湖北	江西	黑龙江	内蒙古	山西	青海	湖南			合计
数量	385	229	336	267	103	113	125	87	82	157			1884
西部省市	重庆	四川	云南	甘肃	新疆	陕西	宁夏	贵州	西藏				合计
数量	239	259	183	146	146	125	122	60	69				1349

由上述调查结果可以看出青少年体育俱乐部建设在东西部地区存在较大差距，这与西部地区经济基础较差、省市主管青少年体育的部门对于青少年体育俱乐部宣传、推广工作不重视未能采取行之有效的方式开展青少年体育俱乐部建设有直接关系，致使对于青少年体育俱乐部的了解及认可程度普遍偏低，最终导致青少年体育俱乐部数量偏少，开展水平低下。

通过对中小学和国家级青少年体育俱乐部两类场所的调查，目前各省市在对青少年体育活动促进政策宣传、推广方面呈现以下特点：大部分学校缺乏对青少年体育活动促进政策宣传和解读；青少年体育俱乐部数量呈现出东西部地区发展不均衡的态势，这与地区间经济水平、文化等差异有关。

5.2.3 政策执行过程中的资源保障

青少年体育活动促进政策资源是保障青少年体育活动开所需的一切资源的总称，主要包括物力资源、财力资源和人力资源。物力资源和财力资源是保证青少年体育活动促进政策顺利执行的经济基础。人力资源直接决定着实现青少年体育活动促进政策目标的质量。

5.2.3.1 学校青少年体育活动促进政策执行资源保障

在贯彻青少年体育活动促进政策过程中，中小学校普遍遇到的问题是物质保障不足，主要表现在体育课时量不够、体育运动场地狭小和场地不达标、体育器材老化等，尤其在小学比较突出。在农村，由于偏远地区撤并学校，合并的学校生源较多，运动场地更显拥挤。在城市，学校普遍超员，体育场地愈显不足。

从对学生调查问卷统计后的显示来看（图 5-2），在小学中，学生每周的体育课时量在 3~4 节的仅占 15.32%，多数学校，每周开设 1~2 节体育课（占 50.57%），而有 34.10% 的学生，一周竟没有上过一堂体育课。而这与教育部体育课程开设数量的规定要求是相违背的。

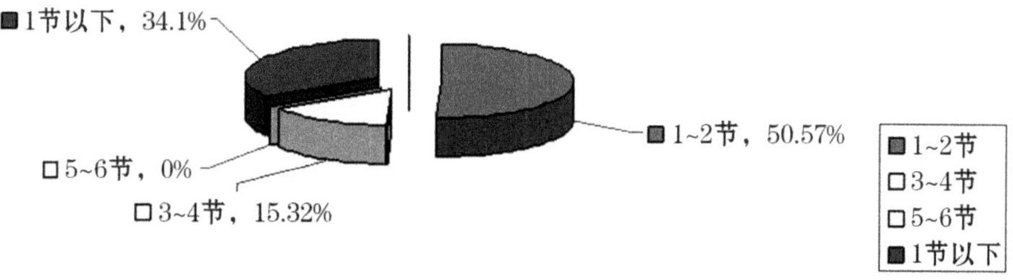

图 5-2 小学学生一周体育课时统计情况

要想实现课程目标，场地、器械等条件性资源设施的配备就显得非常重要。如果缺乏必备的场地设施和运动器械，课程标准即使合理可行，也难以付诸实践[1]。从对教师调查问卷的统计来看（表 5-5），虽然示范学校的场地、器械较

〔1〕 何元春．《体育与健康课程标准》实施的支持系统［J］．体育学刊，2004，11（6）：103.

之区镇学校明略显优越，但示范学校的体育场地条件也只能是基本上满足教学的需要（占被调查对象的45.83%），体育器械中，严重不足的竟占到38.10%！区镇学校中严重不足的场地、器械条件占到71.43%。可见，很多学校现有的体育场地、器械条件与国家教委下发的《体育器材设施配备目录》之间存在的差距很大，而这一点将会成为青少年体育活动促进政策顺利执行的阻碍之一，应引起教育主管部门、学校和社会各级人士的广泛关注。

表5-5　学校体育场地与器械情况

内容选项	场地				器械			
学校	示范学校（n=24）		区镇学校（n=21）		示范学校（n=24）		区镇学校（n=21）	
	人数	%	人数	%	人数	%	人数	%
基本满足	11	45.83	8	38.10	9	37.5	6	28.57
不足	10	41.67	9	42.86	11	45.83	7	33.33
严重不足	3	12.5	4	19.05	4	16.67	8	38.10

以贯彻中央7号文件为例，政策要求各学校必须具备一定的体育锻炼和体育运动场地，但目前在许多城区学校却达不到国家要求。国家曾明确对学校运动场地的人均面积和运动场地的材质做了明文规定，小学的运动场地人均面积每人应在2.3平方米以上，中学每人应大于3.3平方米；中小学校运动场地的材质应为弹性地面。但随着“城市化”的飞速发展，城镇人口的密度不断增加，家长望子成龙心切，导致学校的不断扩招，这一系列的因素使得学校运动场地相对变小。根据北京市东城区中小学校运动场地的调研显示，只有50%左右的中小学校操场人均面积达到规定要求；使用弹性地面的小学只达到60%[1]。在西安中小学校运动场地的相关资料中发现，2 700多所中小学中，竟没有一个符合国家规定的标准操场。当然一些实际情况也会影响学校体育场地的规划。比如，有的学校因自身的

〔1〕黄剑辉，秦媛．北京市东城区中小学校运动场地及体育设施现状评价［J］．中国学校卫生，2008，6：556.

地方有限，但是又要解决学校教职工的住房安置，向有关部门批准后，只得在有限的空地中划出了一片地方盖住宅楼，而这常常会占用了体育运动场地[1]。

国家颁布的《中小学校建筑设计规范》对学校体育场地面积提出了明确规定：田径运动场地，少于900人的学校，采用250 m环形跑道，1 200人以上的学校，配备300 m的环形跑道。因用地困难的市中心学校，跑道的设置可以相应减小，但也有明确的规定[2]。虽然在相关政策中规定的较为详细，但调查中发现，有些学校体育场地人均面积不达标，这与政府功能作用发挥不到位也有关系。比如，在人口稠密的新建小区地段，政府本该规划新建学校却没有规划。国家发文：新建小区必须规划相应的配套教育设施，但是在实际落实的过程中，有的房地产商一拖再拖，不愿将可以"升值"的用地来做教育，即使勉强答应建学校，学校的场地也很紧张，而有的新建小区干脆就不建学校。以山西省阳泉市某新区为例，该新区方圆几公里，是集商贸、住宅、机关为一体的新建区域，人口稠密、生源较多，按国家有关规定应配套建一所小学，但一些房地产商却不愿建校，只愿盖楼，认为建校无利可图，使得区域内的学生不得不到其他学校就读，从而加剧了这些学校生源超标，体育场地自然十分拥挤。

近几年伴随"阳光体育"运动的开展，国家相应部门在体育师资队伍及场地设施配置方面做了许多努力，我国青少年体育场地设施制度不断完善，各地也相继出台了《学校体育设施向社会开放办法》等政策法规；国家有关部门就学校体育场地设施建设出台了一系列文件，制定了各级各类学校体育场地建设的标准（表5-6）。但是依旧存在投入不足、资源配置不均衡的问题。目前，在我国一些偏远农村，学校体育教师严重不足，师资数量不能满足青少年体育活动的需求[3]。有资料（表5-7）为证，就西部五省调查显示，农村体育教师与学生比为1∶551.3到1∶949.3，专职与兼职体育教师比为1∶2.5。专职体育教师学历：本科0%~0.2%，专科17%~22.4%，中专36%~67.6%，高中及高中以下5.8%~41%。

〔1〕 李厚林．西安市中小学体育场地设施建设现状调查［J］．新西部，2010，14：250.

〔2〕 中华人民共和国住房和城乡建设部．《中华人民共和国国家标准中小学校设计规范》GB50099—2011.

〔3〕 肖林鹏．我国群众体育资源开发与配置对策研究［J］．西安体育学院学报，2006.（1）：6-8，17.

这些数据说明，体育教师缺口大，结构不合理，合格比较低。在访谈中也显现出我国学校体育的资源配置不均的态势：城市地区好于农村地区。此外，信息资源也是青少年体育活动促进政策执行活动的必要条件，政策执行者不仅应该获得充足的信息资源，而且还应该确保信息渠道的畅通，才能及时地制定出正确可行的行动计划和策略，才能对青少年体育活动促进政策执行过程实施必要的控制。

表5－6　国家关于学校体育场地设施建设的规定[1]

文件名称	场地规定（m^2／人）
《城市普通学校校校舍建设标准》建标［2002］102号	7.3（小学）；7.5（中学）
《农村普通学校校建设标准（试行）条文说明》	4.6（小学）；10.4（中学）
《全日制普通中等专业学校校舍规划面积定额（试行）》1987	14－19（室外）；1.14－0.68（室内）
《普通高等学校体育场馆设施配备目录》（教体艺厅［2004］6号）	4.7（室外）＋0.3（室内）（基本配备类）
《普通高等学校建筑规划面积指标》（建标［1992］245号）	10－14（室外）0.34－1.24（室内）
《普通高等学校本科教学工作水平评估方案（试行）》教高厅［2004］21号	有室内体育场所， 生均运动场面积≥3平方米（C级标准）

〔1〕李颖川．我国学校体育场馆经营开放现状与对策研究［R］．2009.05：5.

表5-7 中国西部5省（自治区）制约农村学校体育发展的因素（%）[1]

	缺师资	缺器材	缺场地	缺适用教材	缺重视	缺管理	受冲击
陕西	11.27	32.39	26.76	9.86	9.86	0.00	1.41
四川	72.00	83.00	76.00	0.00	93.00	95.00	2.30
贵州	33.00	75.80	75.80	14.90	0.00	0.00	0.00
青海	73.65	78.38	44.59	20.27	0.00	0.00	0.00
宁夏	22.04	23.00	20.52	0.00	14.43	8.68	14.05
排位	3	1	2	6	4	5	7

在组织准备方面，尽管有关教育部门和学校在贯彻青少年体育活动促进政策执行的过程中上做了广泛宣传，但具体到实际过程中，仍有不足。尽管有学校成立了专门的体育工作领导组，但是缺乏硬件设施和资金投入，有的学校由于编制问题，很多体育教师入不了编，成为短期行为。临时外聘的体育教师因为待遇问题，也或多或少地影响到他们工作的积极性。在配备的体育教师中，由于人员素质参差不齐，有的责任性不强，有的不愿违背学校领导意图，加之学校没有安排专门人员对体育教学的开展情况进行定期检查，也没有现场听课、评课，不免在体育教学中走了样。还有的学校在贯彻青少年体育活动促进政策中不能持之以恒，一些体育活动，说起来重要，忙起来不要。有的毕业班忙于教学，不惜占用了体育课和课间操时间，而学校对此也常常“网开一面”。

政府的支持和投入是实现物质组织准备的保障。政府应把发展青少年体育事业纳入社会经济发展规划，积极支持青少年体育活动促进政策执行和落实，逐步加大对中小学校体育设施的投入，并列入财政预算，从政策上给予保证。在城市建设改造中规划好、预留好学校选址和体育场地。尤其应在贫困地区和农村加大财力人力的投入，逐步实现城乡之间、地区之间青少年体育事业均衡发展。

5.2.3.2 青少年体育俱乐部体育活动促进政策执行资源保障

场地设施是开展青少年体育活动的重要场所和载体，是青少年体育活动促进

[1] 吴昊，曲宗湖．我国西部农村学校体育现状及发展对策研究［J］．武汉体育学院学报，2007.(3)：53-55.

政策执行必备的物力资源。在《青少年体育“十二五”规划》政策中总体目标明确提出：“场地设施条件进一步改善”，并具体为：“公共体育场馆向学生免费或优惠开放和学校体育场馆向公众开放取得重要进展，具备开放条件的学校体育场馆向公众开放率总体达到50%以上[1]。”官方调查数据显示[2]，“十二五”期间各地普遍采取措施加大了体育场馆开放工作力度，体育部门的公共体育场馆开放情况明显好于学校，被调查地区目前大部分体育部门所属公共体育场馆（注：不包括高水平运动队训练场馆）都已向社会开放，然而值得注意的是，学校体育设施开放进展却十分有限，在全国大部分地区都未能实现。距离政策要求的“具备开放条件的学校体育场馆向公众开放率总体达到50%以上[3]”还有非常大的差距。

在涉及青少年体育俱乐部建设的一系列青少年体育活动促进政策都明确要求：“青少年体育俱乐部的依托单位或自身场地数量充足，设施配套齐全，各项功能完好，能够满足开展活动需要[4]”。问卷调查数据显示，只有26.9%的俱乐部场地可完全满足俱乐部需要，基本能够满足需求的占总数的60.1%，不能满足或不清楚的占总数的13%（表5－8）。由此可见还是有一部分青少年体育俱乐部的场地设施不能够满足青少年体育活动开展的需要。从总体上看，场地设施的匮乏在一定程度上削弱了政策资源对青少年体育活动促进政策执行的保障能力。

表5－8　青少年体育俱乐部场地设施能否满足需求的情况

满足情况	俱乐部数量	占被调查俱乐部的比例/%
完全能够满足	148	26.9
基本能够满足	331	60.1

〔1〕青少年体育十二五规划［EB/OL］. https：//wenku. baidu. com/view/a71a872ecfc789eb172dc81b. html.

〔2〕刘扶民，杨桦. 中国青少年体育发展报告（2016）［M］. 北京：社会科学文献出版社，2016：16－17.

〔3〕青少年体育十二五规划［EB/OL］. https：//wenku. baidu. com/view/a71a872ecfc789eb172dc81b. html.

〔4〕国家体育总局关于申报2009年青少年体育俱乐部的通知［EB/OL］. http：//www. zjtzjs. cn/main-article_ new. aspx？ aid＝294 .

续表

满足情况	俱乐部数量	占被调查俱乐部的比例/%
不能满足	69	12.5
不清楚	3	0.5
合计	551	100

青少年体育活动促进政策人力资源主要包括青少年体育活动专业指导人员和其他工作人员。青少年体育专业指导人员包括校内体育教师及课外体育专业教练，青少年体育活动工作人员指的是青少年体育俱乐部等各类组织内负责运营管理的工作人员。通过对《青少年体育“十二五”规划》政策执行情况的分析发现，“十二五”时期建立了青少年体育专业指导人员培训制度，有培训计划、专项经费、教材大纲和高水平的授课专家队伍，建立起了培训工作绩效评估和工作督查机制，在一定程度上保障了青少年体育专业指导人员的质量。同时，开展培训工作，国家体育总局青少年体育司牵头举办各类培训班，包括举办全国各级各类体校教练员、管理人员和科研人员培训班，参加培训人员累积达到2000余人，这在一定程度上说明青少年体育活动专业指导人员开始向正规化、专业化迈进。然而，在青少年体育活动工作人员方面，例如在青少年体育俱乐部中，工作人员承担俱乐部管理、俱乐部内青少年体育活动组织等工作内容，他们对俱乐部持续、稳定发展起着举足轻重的作用。问卷调查结果显示（表5－9），在551家青少年体育俱乐部中有243家青少年体育俱乐部配有专职人员，占比为44.1%；未配有专职人员的青少年体育俱乐部有308家，占比高达55.9%。这说明当前青少年体育俱乐部的工作人员数量并不充足。尚不能满足青少年体育活动促进政策所需人力资源的需要。

表5－9　青少年体育俱乐部法定代表人专兼职情况统计

专兼职情况	俱乐部数量	占被调查俱乐部的比例/%
专职	243	44.1
非专职	308	55.9
合计	551	100

财力资源为保障青少年体育活动促进政策顺利执行所提供的一切资金支持。目前青少年体育财政投入渠道包括体育部门投入和教育部门投入。同为财政投入但具体投入方式有所不同。教育部门对体育的投入由教育经费中设专项，并随着财政投入增长而增加投入。这种投入渠道的显著特点就是专项且稳定。体育部门尽管亦是财政投入，但部分省级体育部门并未设青少年体育事业专项，分别由群众体育和竞技体育的经费中安排，即青少年公共体育服务由群体经费支出，青少年训练由竞技体育经费中切块。所以，就目前情况看，各省市中青少年体育经费保障机制仍不健全，投入普遍不够，保障能力较低，水平不高[1]。目前各类青少年体育组织建设和青少年体育活动开展的主要经费来源都是依靠政府相关部门扶持经费和体育彩票公益金。以青少年体育俱乐部资金情况为例，青少年体育俱乐部经费来源主要依靠扶持经费，包括国家体育彩票公益金扶持经费、地方配套扶持经费和依托单位补贴，问卷调查结果可以看出体育彩票公益金是青少年体育俱乐部经费的最主要来源之一，有39%的俱乐部除了体育彩票公益金外没有其他经费来源（表5－10）。

表5－10　除体育彩票公益金扶持外青少年俱乐部是否有其他经费来源情况

	俱乐部数量	占被调查俱乐部的比例/%
是	336	61
否	215	39
合计	551	100

在这种情况下，体育彩票公益金及时到位与否对于这39%仅依靠体育彩票公益金单一来源的俱乐部起着生死存亡的作用。调查结果显示，国家体育彩票公益金扶持经费能够及时到位和基本到位的俱乐部数量共占被调查总数67.3%，有拖欠现象的俱乐部占调查总数的2.7%，完全没有到位的比例为10.2%（图5－3）

〔1〕刘扶民，杨桦．中国青少年体育发展报告（2016）［M］．北京：社会科学文献出版社，2016：36－37.

地方配套扶持经费到位情况和国家体育彩票公益金扶持经费到位情况基本相同。

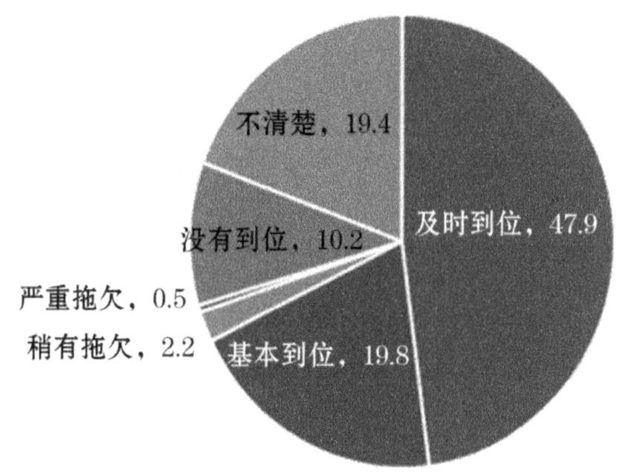

图5－3 青少年体育俱乐部国家体育彩票公益金扶持经费到位情况统计

由此可以看出作为青少年体育俱乐部最重要的资金来源国家体育彩票公益金和地方配套扶持经费到位情况并不乐观，作为俱乐部最重要的维持日常运营的经费稍有拖欠就会给俱乐部带来无法挽回的严重影响，如果资金源经常出现严重拖欠和没到位的情况很可能造成俱乐部无法维持的严重后果。这也就说明目前青少年体育俱乐部各类资金并不充足，财力资源并不能满足青少年体育俱乐部建设的需要。综上所述，通过对青少年体育活动促进政策中典型政策分析，发现青少年体育活动促进政策执行所需的人力资源、物力资源以及财力资源均不够充足，这在一定程度上，会对政策执行造成阻碍和影响。

5.2.4 政策执行过程中的全面实施

在青少年体育活动促进政策执行过程中，作为政策执行主体的政府、教育主管部门应对中小学校的政策执行过程予以常态化、针对性的指导、监督，才能真正发现问题所在。但在实际过程中，一些教育主管部门对学校往往“安排多、命令多”，而普遍缺失有效的“服务与指导”；没有对学校青少年体育活动促进政策执行的目标、过程进行必要的解析；没有对学校青少年体育活动促进政策执行过程中遇到的问题给予及时解决与协调；没有对学校青少年体育活动促进政策执行的落实情况实施全程跟踪。这些情况也是导致一些学校形成“敷衍执行”的原因之一。强化青少年体育活动促进政策执行过程管理，不仅应注意地域性差别、不搞一个模式，不搞“一刀切”外，还要注重政策监控过程，将政策目标转化为政策控制标准，即把政策目标具体化，变成一系列可以量化的或标准化的指标。其意义在于增强责任人的责任意识和工作效率，进而使政策目标群体能够按照预定目标、预定科目开展体育活动，并可做到即时监控、即时掌握，具有一定的可操控性。中央7号文件要求，经过五年左右的时间，使青少年身体的耐力、力量有明显的提高、肥胖和营养不良率有明显的下降。但五、六年过去之后，这些状况仍未有明显的改观。在对山西省阳泉市实验小学的调查中发现，五年级的肥胖学生占年级总数的14%，而通过调查这些学生家长和同学发现，他（她）们从一年级入学时就是“小胖墩”，五年中体态未发生大的变化，说明他（她）们除饮食习惯外，长期缺乏体育锻炼和运动是个重要原因。学生没有确定的体育运动计划标准，也说明学校体育工作缺失过程监控。据调查，这个学校体育教学有计划，对学生体质检查也有安排，但学校很少检查，至少没有硬性的考核指标，使体育教学考核工作流于形式。上述说明，在贯彻青少年体育活动促进政策过程中，应强化对政策主体的过程管理和监控，促使其对政策目标群体进行过程监管，保证政策的贯彻落实。同时也只有将政策目标要求按照时间和空间细化为阶段性的标准，比如“减肥”计划就需要月标准、季标准、年标准，或是第一年度标准、第二年度标准、第三年度标准等，通过这些不同时段的“减肥”计划标准，逐一实施，可以倒逼计划标准的全面实现。

再看青少年体育俱乐部对政策的实施情况。青少年体育活动开展形式是青少年体育活动促进政策执行方式的一种，通过对中国体育年鉴中“地方体育”板块中青少年体育开展情况的梳理以及分析各省市青少年体育管理部门工作总结发现，目前各省市青少年体育活动从形式上主要分为3种：体育竞赛、体育表演和体育活动（表5-11）。

表5－11 各省市开展的青少年体育活动形式

主要形式	具体形式
体育竞赛	1. 举办省运会，增加青少年参会比例
	2. 增加青少年单项体育赛事
	3. 组织参加冬季阳光体育大会
	4. 开展体育传统项目学校联赛
	5. 开展全国青少年体育俱乐部联赛
	6. 举办校园足球联赛
体育表演	1. 进行科学健身校园行活动
	2. 青少年户外营地展示活动
体育活动	1. 开展形式多样的阳光体育冬（夏）令营活动
	2. 组织开展校园阳光体育活动——开展定向寻宝、航海航空模型等科技体育赛事、棋牌智能赛事、轮滑趣味赛事等活动
	3. 百万青少年上冰雪活动

每年青少年体育活动开展计划由国家体育总局青少年体育司发布，各省市体育主管部门申报承办。虽然这在一定程度上促进了青少年体育活动的开展，但由于我国现行体育系统的层级关系，使得多数省市体育主管部门为了经费只顾承办计划中所列的项目的比赛，而缺乏积极主动性和创造性地去开拓青少年兴趣高、喜爱强的运动项目赛事。且在青少年体育活动中只有竞赛选择，忽略具有娱乐性强、趣味性强、交流性强的活动促进形式，青少年体育活动促进政策缺乏创新。

5.2.5 政策执行过程中的协调管理

贯彻落实中央7号文件，对政策对象即青少年的健康成长是件好事，但在政策执行主体之间，亦即政府、教育主管部门、学校、教师之间，会出现各种问题和矛盾。一方面政府、教育主管部门要求学校、教师认真贯彻青少年体育活动促进政策，积极完善教学计划和时间保障，而另一方面学校又存在场地不足、教师短缺、政府投入不足等困难。长期以来，社会实用性逐渐成为我国发展青少年体育目标所关心的内容，政府也很看重青少年体育政策的社会工具价值[1]。纵观已出台的一些体育政策，可以看出政府部门总是希望青少年体育出现显性、即时的增强体质的功效。以《教育部国家体育总局共青团中央关于开展全国亿万学生阳光体育运动的决定》为例，开展“阳光体育”运动，在3年时间内，全面实施《学生体质健康标准》的学生要占到85%，85%以上的学生可以保证每天一小时的锻炼时间，每个学生都能学会两项以上的体育技能。从《决定》的内容中，可以看出政策目标浓厚的功利性色彩。以功利目标引导的政策，具体方案必然会出现追求短期内价值的最大化，难免会急功近利，出现一些可操作性不强的问题。这些问题和矛盾的解决就需要很好地协调，否则不利于青少年体育活动促进政策的顺利贯彻。而各政策执行主体由于自身利益的考虑，有些问题和矛盾又难以解决。比如，当学校向政府申请追加体育教学方面的资金时，政府经常以财力困难为由而难以解决。加之社会对学校高考升学率要求的压力，学校把有限的物力、精力投入到文化课教学方面，投入体育教学方面的明显不够，从而使学校体育设施等基础工作欠账。因此，在贯彻青少年体育活动促进政策工作中，各主体之间应割舍一些自身利益，多进行必要的交流、沟通和协调，从实际出发，对政策的贯彻执行达成共识，既要使政策得到贯彻，又兼顾到现实情况。此外，为方便青少年在校外、节假日时间的体育活动，政府还应加强与社区、体育俱乐部之间的协调，使这些地方的社会体育资源得到充分利用，为青少年尤其是小学生的校外体育活动提供一个便利环境。

社会环境是政策制定的沃土，一项政策只有与其所处的环境寻找平衡，才能保证政策制定符合实际，具体贯彻执行中取得预期的效果。环境因素应是那些能够影响政策执行过程的因素，包括政治的、经济的、文化的、历史的等等。所以，适宜的社会环境将有利于青少年体育活动促进政策执行过程，反之，不良的社会环境则必然有碍于政策的顺利实施。

目前我国正处全面深化改革、加快发展的历史时期，政治环境为贯彻青少年体育活动促进政策执行提供了良好的保证。经济发展正在稳中求进，但困难不少，政府对青少年体育事业发展投入力不从心，只能逐步解决。而本文在调查中明显

〔1〕 冯国有．公共体育政策的利益分析与选择［J］．体育学刊，2007.

感到，文化环境则对青少年体育活动促进政策执行具有较大影响。文化环境是存在于人们思想当中的社会价值观念、传统习俗习惯及行为方式等，我国青少年体育的发展就受到了应试教育体制和实用主义体育价值观的影响。虽然人们很清楚“阳光体育”运动、青少年体育是全面发展的重要组成部分，但还是摆脱不了高考“指挥棒”的束缚。因为社会把衡量人、选用人的尺度定在了学历上、文凭上，考不上大学或考不上名牌大学就不是“人才”，于是许多家长就发出了“学好文化课比什么都强”“参加体育活动耽误时间，影响学习”“体育再好与考大学没有关系”的感慨。在这种“人才观”的文化环境下，青少年的价值取向就可能发生倾斜，青少年体育活动促进政策执行就会受到影响。所以要协调好各种环境的关系，使其充分发挥作用，才能使青少年体育活动促进政策执行过程顺利进行。

国家在制定青少年体育活动促进政策时，还要注意到我国社会经济发展水平整体偏低、地区不平衡性问题，东西部由于经济发展水平差异，学生体育发展的深度和广度也不相同，在落实国家体育达标的要求上就应有所区别。这些都需要政策主体之间进行协调，在政策执行中达成共识。

5.2.6 政策执行过程中的监控管理

政策监控是政策实施过程中不可或缺的环节和手段。只有通过实施有效的政策监督，才能根据政策环境的变化及时调整和完善政策措施。青少年体育活动促进政策执行监督的匮乏主要表现在两个方面：一是监督机构缺乏独立性和权威性。“监督最重要的是要使监督机构和执行主体分开，这是确保监督独立性的基本前提[1]。”但是在青少年体育活动促进政策中，各省市青少年体育管理部门既是政策执行主体又是政策执行的监督者。这样会造成权责不能分离，削弱了政策执行监督的真实性和权威性。二是缺乏对政策执行效力的监督。现实中对于青少年体育活动促进政策执行的监督多是对政策结果的监督，忽略了现实政策环境是动态变化，在执行过程中往往会出现一些意想不到的问题来影响政策执行效力。

教育部发布的《中小学体育工作督导评估指标体系（试行）》，是中华人民共

---

〔1〕 刘铮，唐炎．公共体育服务政策执行阻滞的表现、成因及治理［J］．体育科学，2014，34（10）：78－82.

和国成立以来第一次针对学校体育工作发布的督导评估体系，也是中华人民共和国成立以来第一次专门为一个学科而作的督导评估体系。《指标体系》要求，要从教育管理、条件保障、评价机制和学生体质状况这 4 个方面，结合本地的实际情况，对中小学体育工作督导进行评估。这些说明，一项政策的顺利贯彻，离不开监控机制和监督管理。监管工作到位，才能保证政策的顺利执行和公信度。但多年来，各级教育主管部门和学校都把督导评估工作的重点放在了智育即文化课教学方面，对体育教学虽然也有督导管理办法，但具体抓得不紧不力，考核不严格。以贯彻《指标体系》为例，各级教育主管部门及许多学校都层层成立了领导机构或监督机构，负责《指标体系》的执行落实。但这些机构相对于学校的一些“刚性”机构而言，运作起来不规范、监督力度不够，有的甚至形同虚设。但在实际运行过程中，或忙于学校事务工作，或出于本单位利益考虑，或认为落实体育政策是“软指标”，往往使学校体育工作考核考评不能按时按量进行。

各级教育主管部门和学校的监管是否得力，对青少年体育活动促进政策实施效果有直接的影响。通过对中小学体育教师问卷的调查结果显示（表 5 - 12），虽然教育部门、学校比较重视 7 号文件的推广与实施工作，各级教委也积极颁布了相应文件，并针对 7 号文件的实施工作，组织了相应的专题研讨会、知识讲座和观摩活动，分别占被调查对象的 71. 11%、62. 22% 和 68. 89%，但是，在政策实施的监督方面采取的行动却很少，现场评课也很少进行，仅占 6. 67%。此外，学校体育主管部门对青少年体育活动促进政策执行的监管力度也很欠缺，在制定相关文件、组织研讨会、组织观摩课活动及定期检查与评课方面，分别为 13. 33%、51. 11%、20% 和 46. 61%，知识讲座方面仅占 4. 44%，多是迫于压力流于形式。由于存在这种状况，体育教师往往也觉得自己的工作不被重视，在成果体现上不为学校所认可，所以工作积极性得不到充分发挥。上述状况使得学校、老师、学生和家长都对体育课产生了偏见，只要及格即可。由于这种偏见，使得体育达标也成了“软弹性”，即使没有达到标准，老师也会将分数给以“上扬”，使其通过。同时，由于监督手段的缺乏，使得本来可以定量的标准，无处可寻，监督失去了其本质含义。

表 5－12 各级教育主管部门对青少年体育活动促进政策执行的监管情况（n＝45）

单位	市教委		学校	
	人数	%	人数	%
制定相应文件	38	84.45	6	13.33
组织研讨会	32	71.11	23	51.11
举办知识讲座	28	62.22	2	4.44
观摩课	31	68.89	9	20
检查与评课	3	6.67	21	46.67

综上所示，我国各级教育主管部门对青少年体育活动促进政策执行的监管力度还很不到位，尤其是具体到学校层面上，所以各个学校要在教育部和国家体育总局下发的相应政策文件上结合实际情况狠加落实和贯彻，教育主管部门要充分挖掘其职责，发挥其职能。

5.3 青少年体育活动促进政策执行过程障碍

专家对影响青少年体育活动促进政策执行过程的反馈意见如表 5－13 所示：

表 5－13 影响青少年体育活动促进政策执行过程的指标

问题选项	专家意见					得分	排序
	非常重要	重要	一般	不重要	毫不重要		
执行主体自身利益需求	5	5				45	1
执行客体对政策的认同度	6	3	1			45	1
政策本身		4	6			34	5
资源		7	3			37	3
环境		7	3			37	3

从反馈的意见来看，执行主体与客体在影响青少年体育活动促进政策执行过程中，占有重要的作用，其次是资源与环境对青少年体育活动促进政策执行过程的影响。因此可以确定，执行主体、客体、资源与环境是青少年体育活动促进政策执行过程中的重要影响因素，政策执行的好坏，与其息息相关。这些影响因素运作良好，则会促进青少年体育政策的执行，运作偏差，则会为青少年体育活动促进政策执行过程带来障碍。

调查中，面对青少年体育活动促进政策在执行过程中出现的障碍和种种“偏离”现象，专家反馈的意见主要体现在青少年体育活动促进政策的“认识”和“执行”两个方面。本研究中，利用专家问卷对青少年体育活动促进政策的认识和执行产生的相关问题进行了调查，主要体现在如下几个方面，见表5-14。

表5-14　青少年体育活动促进政策执行过程中的障碍分析

问题选项	专家意见					得分	排序
	完全同意	比较同意	一般	不太同意	反对		
政策主体重文轻体，对政策实施重视不够	5	4	1			44	1
目标群体对政策认同感和遵从度不强	2	5	3			39	6
政府投入不足、体育基础设施建设“欠账”	1	3	6			35	9
对政策落实的督导、监管、评估工作不到位	6	2	2			44	1
权责主体混乱，双重管理矛盾突出	5	3	2			43	3
家庭教育的误导	4	3	3			41	4
体育课程内容老化、教学方式单一	3	3	4			39	6
学校对青少年体育政策的宣传、解读不到位	4	3	3			41	4

调查结果显示我国青少年体育活动促进政策执行过程中，出现上述种种政策的“偏离”现象，给青少年体育活动促进政策的顺利执行造成了障碍；在这种状况下，如果不对青少年体育活动促进政策执行过程的障碍进行深入剖析，不仅解决不了当前的棘手问题，而且青少年体育活动促进政策执行过程也难以达到最优

化。因此，笔者从青少年体育活动促进政策执行过程中的“认识”和“执行”入手探索。

5.3.1 主体认识障碍

从公共选择理论的角度来看，由于政策执行的组织和个体具有多重利益偏好：当他们作为上级政策的执行者时，代表着国家和社会整体利益；当他们转化成另一角色时，在政策执行过程中，就会考虑本地区、本部门甚至私人利益[1]。政府作为多元利益主体之一，对公共体育政策的制定过程具有主导作用。就像上述所提到的，政府也会考虑自身利益，所以绝对的“价值中立”是不存在的。如果一项政策不利于自身利益，执行主体就有可能抵制，进行“选择性执行”。一般认为，政府作为公众利益服务的部门，只有公众的利益，而没有自身的利益。但是以布坎南为代表的公共选择理论认为政府在很大程度上也是一个“经济人”，因此在体育公共政策制定（或执行）过程中必然会受到“经济人”动机的影响，也会导致公共体育政策偏离公众公共利益[2][3][4][5]。政策的制定和实施应该是相配套的，可一些深层的缺陷使政策在执行过程中出现了“偏离”，也影响和制约了其实施效果。总之，形成这些执行障碍的原因是多方面的，既有利益层面的，也有机制层面的。

首先，各级政府对落实青少年体育活动促进政策重视不够。或忙于经济、社会事务，或认为落实青少年体育活动促进政策不是业绩考核的“主项”，是“软指标”，所以在落实相关政策方面有安排，无检查，有的地方一年到头都没有专项评估。在财力投入和场地建设方面欠账较多，有些地方在城建改造中，该规划学校的地方没有规划，该留足操场的没有留足。政府主体功能没有充分发挥，存在“选择性执行”。其次，教育和体育行政主管部门在面对落实青少年体育活动促进

---

〔1〕 杨青松，罗建河．我国群众体育政策执行阻滞效应的多维分析——以《全民健身计划纲要》为例［J］．广州体育学院学报，2008.（6）：11－14.

〔2〕 秦椿林，肖林鹏．论体育政府利益［J］．北京体育大学学报，2012.（5）：1－7.

〔3〕 蓝剑平．政府利益内涵的理论分析［J］．中共福建省委党校学报，2005.（1）：25.

〔4〕 王颖．转型时期政府利益凸显的解读与规范［J］．中国党政干部论坛，2007.（5）：56－57.

〔5〕 臧乃康．政府利益论［J］．理论探讨，1999.（1）：18－21.

政策这一问题上，由于各自的目的、性质不同，教育主管部门只针对在校的青少年，按相关政策开展体育活动；而体育行政主管部门更多的是为了培养竞技体育后备人才，双方难以形成贯彻政策的合力，对学校贯彻落实政策的监督、考核、评估基本流于形式。再次，学校从各方面利益追求看，青少年体育锻炼是一项吃力不讨好的事情，与升学率给学校带来的声誉、孩子的前途相比，青少年身体锻炼的社会效益在短期内很难被人们直接观察到，学校的“绩效”和“作为”很难体现。但学生的升学率则可以很直接地体现出学校的成绩。且在应试教育体制下，升学率成为评价各级教育主管部门政绩及学校优劣的唯一标准，青少年体育即学生体质因未被纳入高考而受到忽视，体育在升学方面的弱功利性，使得学校、家长、甚至青少年本人为了取得更好的学习成绩不惜牺牲身体锻炼的时间，“升学”利益的追求导致高升学率与青少年体育活动促进政策落实不能同步进行。

中华人民共和国成立至今，为增强青少年的体质与健康，党和政府相继制定实施了一系列的政策。毋庸置疑，这些政策的执行在一定程度上都对青少年体质健康有所影响，但在不同历史时期，社会、经济等大环境也同样影响着青少年体质健康的发展。尤其人们的思想观念、认识水平、利益驱动，形成了认识上难以逾越的障碍，影响和制约了青少年体育活动促进政策的实施效果。

(1) 权责主体的混乱

中华人民共和国成立以来，由于特定的历史发展背景，不论是原国家各级体委还是现在的国家各级体育局，都把青少年体育事业的重心放在了竞技体育后备人才的培养上，即是为竞技体育后备人才而培养、训练青少年，而教育部门则主要负责在校青少年的体育课，组织在校青少年参与体育活动。两个部门都有针对青少年开展的体育事业，但两个部门在实际开展青少年体育工作的目的、性质上却是迥然不同的，这也直接导致其实际工作领域的差异性。教育部门只按照相关政策，针对在校青少年开展各种体育活动，增强在校青少年的体质健康，对在校青少年的体质健康负责，而国家体育总局更多的是为了培养竞技体育后备人才，为了竞技体育项目的延续而有针对性地对青少年进行训练，因此，青少年体质健康下降的责任到底该由谁来承担，很难界定。中华人民共和国成立后，不论是国家体育总局还是教育部门都针对各自的目标颁布实施了各种有利其自身发展的条例、方针、指导意见等。教育部门一直致力于青少年的体育课程改革，寻求更适合时代背景、青少年生长发育特征的体育教学方式；而国家体育总局则为能获得更多金牌，不断地培养优秀的后备人才。虽然实行“体教结合”战略多年，但实施效果不尽人意，双重管理矛盾突出[1]。比如，有的地方体育局规定一些重竞技项目学生，凭体育局证书可以自由选择就读学校，而教育局对此规定有异议，相关学生无法处理这种双重管理制度造成的矛盾。这就直接导致分工不明，权责混乱，阻碍青少年体育活动促进政策的执行。

（2）“重文轻体”的蔓延

在实际的青少年体育活动促进政策执行过程中，政策执行主体教育主管部门、学校或学生由于自身因素，导致执行政策的低效、被动。出现青少年体育活动促进政策执行过程中的“中梗阻”现象，发生了行为与目标的偏离[2]。就青少年体育活动促进政策执行而言，国务院印发的《全民健身计划（2011—2015 年）》中要求，加强青少年体育，增强学生体质，将其作为发展学校体育的目标和评价标准。真正把健康放在第一位。但由于教育体系中应试教育的影响和片面追求升学率的压力，“重文轻体”的思想充斥于我国的中小学校，有的学校缺乏体育设施而难以进行学生体育课和体育活动的开展。有的学校甚至把学生考试、获奖情况作为教师奖金、升迁的因素[3]。政策执行主体的这种导向性，有意无意地背离了国家青少年体育活动促进政策的执行，从而出现了学生课业负担过重，休息和锻炼时间严重不足的后果。

（3）家庭教育的错位

学校教育、家庭教育、社会教育构成了青少年教育的三大来源，其中家庭教育在青少年的成长过程中有着举足轻重的作用。青少年体质健康水平的下降，谁来为此买单？这一现象的形成是由学校和家庭双方造成的，家长受到升学压力的

〔1〕张锡娟．论公共体育政策执行过程中的“偏离”现象［J］．福建体育科技，2013.5.

〔2〕臧乃康．政府利益论［J］．理论探讨，1999.（1）：18－21.

〔3〕陈振明．政策科学——公共政策分析导论［M］．北京：中国人民大学出版社，2003.

影响，总害怕孩子在竞争中被淘汰[1]。从利益层面上追求得多，家长为了能让孩子成才，找到个好工作，过分重视孩子的智育、重视文化和职业技能的学习，而轻视孩子的体育锻炼。有的家长甚至说："学好文化课才是真的，体育再好也考不上大学"。深受这种观念的毒害，许多学生要受到学校和家庭的双重"应试"教育。学生在家里除了吃好就是学习好，为了能考个好成绩，奔波于各式各样的补习班。家长很少有意识鼓励学生参加体育运动。这样，即使体育政策再好，而执行主体这一内因不愿意执行，政策也只能是空文一纸。

5.3.2 政策本身的缺陷

主要表现是有些青少年体育活动促进政策缺乏科学性、完整性、配套性（系统性）。在青少年体育活动促进政策制定过程中，常常会出现新老政策的接替、一项政策和它的具体实施细则之间也会产生关联，这些衔接如果不力，则会给青少年体育活动促进政策执行过程带来困难。比如：七号文件中，有不少规定属各级政府的行为，其中明确规定了体育课的锻炼场地面积要求。但是在城建改造的规划中，很多开发商并没有给学校留下应有的空间区域，所以许多学校的运动场地面积根本达不到国家有关规定的标准。还有学校的学生甚至无法同时进行课间操，课间学校的运动场地的缺乏有多么严重。上述情况就类似于政策的制定与实际情况无法衔接、不能吻合。如果一味地生搬硬套，按统一标准，则会感到力不从心，徒劳无功。因此，各地政府应根据实际情况，增加学校体育锻炼场地，能够解决的尽快解决，能够规划的尽快规划。

5.3.3 课程资源的障碍

长久以来，学校体育的教学内容多以竞技项目为主，少有新鲜"血液"的注入，教学组织也常年类似，没有新意。教材的编写和教学方式的传授没有注重学生的个性差异，没有新颖的教学内容，无法引起学生的兴趣，体育课堂很难实现学生和老师的互动。学生不愿参与，体育课程很难做到面向全体学生。体育课

---

〔1〕 蒋玉红．对阳光体育运动落到实处的理论思考［J］．南京体育学院学报，2010，24（5）：85－87.

程内容陈旧，教学方式单一。这些情况在全国的学校中较为普遍，并且很难在短时间内加以修正，这就使得学校体育课程内容老化，教学方式单一问题更难解决。

5.3.4　外部环境的障碍

5.3.4.1　政策实施的单一

一直以来，党和政府都十分重视青少年的体质健康，多次召开会议、下发文件，以解决青少年体质下降的问题。虽然各学校都对相关文件、政策做出响应，但效果甚微。笔者认为，这与青少年体育活动促进政策单一不无关系。我国地域辽阔，东中西部、城乡之间经济发展不平衡，并非所有的学校都有条件享受同等待遇，学校体育锻炼场地、设施在各地区差异较大，青少年参与体育锻炼的条件、体育锻炼的时间及其锻炼的内容迥然不同；面对不同的环境，青少年参与体育锻炼的意识和习惯也不似相同；现代生活方式的改变程度在我国各地区也相异，青少年受影响程度也不同。相关青少年政策、文件的下达、制定，本质上都是为了通过不同的途径、方法更好地提高青少年的体质健康。但由于现实的原因，各地方体育设施、体育氛围、体育文化等存在差异，政策执行的能力不同，取得的效果也不相同，所以各地应该以实际情况而定，拓宽青少年政策的实施方式、途径等，真正达到增强青少年体质的目的。

5.3.4.2　监督措施的不力

思想是行动的先导。由于人们对青少年体育活动促进政策执行重要性认识不够，必然直接反映在工作上。面临社会的急剧转型，青少年体育活动促进政策执行的行政监察体系并不健全，缺乏强有力的监控机构。往往是出台了一项政策，之后就没有下文。比如，以学校体育来讲，各级教育主管部门的监管力度和支持程度，对体育课程的实施有着直接的影响，但是教育主管部门并没有用好手中的权力，是青少年体育政策得到有效的执行。以淮北市的调研结果为例，《普通高中体育与健康课程标准》一经出台，淮北市的教委部门就颁发了相应的《淮北市普通高中体育与健康课程改革实施指导意见》文件，可见其对《标准》的重视程度。之后又针对该政策组织了相应的专题研讨会、知识讲座等活动，但却没有对政策实施的监督方面问津。可见，教育主管部门对政策的监管力度还相当欠缺，这就需要强化教育行政主管部门的职责与职能作用，将系统内的各级工作真正监控起来[1]。

〔1〕 裴德超. 淮北市《普通高中体育与健康课程标准》实验存在问题与对策研究［D］. 北京体育大学，2008.

6 青少年体育活动促进政策执行效力分析

6.1 青少年体育活动促进政策执行效力模型构建

6.1.1 青少年体育活动促进政策执行效力模型构建的步骤

公共政策执行效力水平受多种因素的影响，包括公共政策本身，公共政策执行主体，公共政策环境等[1]。同样，青少年体育活动促进政策执行效力也会受多种因素的影响，本文将根据青少年体育活动促进政策执行效力的影响因素来构建青少年体育活动促进政策执行效力模型。青少年体育活动促进政策执行效力模型属于抽象模型中的概念模型，它是找出青少年体育活动促进政策执行效力的影响因素并根据因素之间的关系建立“执行效力影响要素关系图谱”，构建出规范化的青少年体育促进政策执行效力模型。构建模型目的在于改进政策执行质量，同时使其在执行过程中更具有可控性，模型体现了对青少年体育活动促进政策分析的多视角，为理解政策和进行政策分析提供了多种途径。

本文在调查分析青少年体育活动促进政策执行现状的背景下，借助公共政策理论中分析政策执行效力影响因素的相关模型，确立我国青少年体育活动促进政策执行效力影响因素，以此构建青少年体育活动促进政策执行效力模型，最终通

〔1〕 史俊霞．影响公共政策执行效力的因素分析［J］．商业经济，2008，(8)：96.

过调控政策执行效力影响因素的方式提高青少年体育活动促进政策执行效力的水平。

构建青少年体育活动促进政策执行效力模型要坚持的原则：青少年体育活动促进政策执行效力模型不是对现有政策执行模型的否定，也不是对现有政策执行模型照搬照抄，而是在坚持我国目前既有政治体制和行政管理体制前提下，构建符合我国青少年体育活动开展实际、可以提高青少年体育活动促进政策执行效力水平的模型。青少年体育活动促进政策执行效力模型要达到的成效：切实有助于解决现实问题，即构建政策执行效力模型必须能够找准青少年体育活动促进政策执行效力的影响因素，通过调整影响因素及其之间关系加速提升政策执行效力的水平，实现政策既定目标。最终使青少年体育活动促进政策执行效力更能适合、匹配青少年体育活动开展的实际需要。

青少年体育活动促进政策执行效力模型的构建是一项复杂的工程，只有依靠科学、严谨的程序才能保证模型的合理性和科学性。根据公共政策模型的基本程序：在前期确定构建模型理论基础之后，确定青少年体育活动促进政策执行效力初始模型的结构及组成要素，通过征询专家对青少年体育活动促进政策执行效力模型结构及其要素构成的意见对模型做出进一步的调整和修正，最终建立青少年体育活动促进政策执行效力模型。

步骤一：了解公共政策执行的基本理论

对公共政策执行的相关理论进行系统学习和分析，学会将公共政策理论运用到青少年体育活动促进政策的相关领域。

步骤二：分析青少年体育活动促进政策执行现状

对青少年体育活动促进政策执行现状进行梳理，分析政策执行过程中出现的问题，为找出青少年体育活动促进政策执行效力的影响因素奠定基础。

步骤三：掌握构建青少年体育活动促进政策执行效力模型的依据

系统整理和分析公共政策执行效力相关模型，并对公共政策模型进行筛选和分析，将此作为构建青少年体育活动促进政策执行效力模型的依据。

步骤四：初步构建青少年体育活动促进政策执行效力模型

在明确青少年体育活动促进政策执行现状以及青少年体育活动促进政策执行

效力模型构建的依据后，初步构建青少年体育活动促进政策执行效力模型。

步骤五：征询专家意见

根据评价模型是否具有有效性的标准[1]，以专家访谈的方式向10位青少年体育和体育管理领域专家针对初步构建青少年体育活动促进政策执行效力模型征询意见。

步骤六：优化青少年体育活动促进政策执行效力模型

在对青少年体育活动促进政策执行效力模型要素进行分析并结合专家意见的基础上对青少年体育活动促进政策执行效力模型的结构及内容进行调整和优化，最终完成对青少年体育活动促进政策执行效力模型的构建研究。

6.1.2 青少年体育活动促进政策执行效力模型构建的依据

根据政策执行效力的含义，可以分析影响青少年体育活动促进政策执行效力的基本因素及其相互关系，进而构建青少年体育活动促进政策执行效力模型。

20世纪70年代中期以后，政策学者纷纷从不同的角度研究影响政策执行的因素，形成了各种政策执行的理论模型，主要包括政策执行的过程模型、系统模型、互适模型、循环模型、博弈模型、综合模型等。① 史密斯（T. B. Smith）的政策执行过程模型。史密斯认为，政策执行过程由4个部分组成：第一，理想化的政策，指政策制定者试图保证的合理、公正的政策。第二，目标群体，即政策对象，他们受政策最直接的影响，必然会做出适当的相应调整以符合要求。第三，执行机构，指政府机构中负责政策执行的单位。第四，政策环境，指影响政策执行的外部因素，包括政治环境、经济环境、文化环境和历史环境等。具体说，政策的形式、政策的类型、政策的渊源、范围及受支持度、社会对政策的印象、执行机关的结构与人员、主管领导的方式和技巧、执行的能力与信心，目标群体的组织或制度化程度、接收领导的情形以及先前的政策经验，文化、社会与政治环境的不同，凡此等等均是政策执行过程中影响其成败所需考虑和认定的因素[2]。② 麦克

〔1〕 陈振明．公共政策学［M］．北京：中国人民大学出版社，2004：257.

〔2〕 T. B. Smith. The Policv Imnlementarion Poreess ［J］. Policy Seiences. 1973 （2）：203－205.

拉夫林（M. McLaughlin）的互动理论模型。1976年，美国学者麦克拉夫林在《互相调适的政策实施》一书中提出了这个模型。麦克拉夫林认为，政策执行过程是执行组织和受影响者之间就目标手段作用相互调和的互动过程，政策执行的有效与否取决于两者之间相互调适的程度。相互调适模型包括以下几点：第一，政策执行者与受影响者之间的需求和观点并不一致，基于双方在政策上的利益，彼此必须放弃或修正立场，以妥协出一个双方皆可接受的政策执行方式；第二，政策执行者的目标与手段富有弹性，可因环境因素、政策接受者的需求和观点的改变而变化；第三，这一相互调适的过程是彼此处于平等地位的双向交流过程，并非通常所说的“上令下行”的单项流程；第四，受影响者的利益、价值与观点仍将反馈到政策上，从而左右政策执行者的利益、价值与观点[1]。③巴达奇的博弈模型。美国政策学者尤金·巴达克（E. Bardach）用“博弈”比喻政策执行过程，他把政策执行过程视为一种赛局，其中包括下列因素：竞赛者，即政策执行过程中有关的执行人员；与相关人员利害关系；竞赛资源；竞赛规则（取胜的条件）；公平竞赛的规则（即不得涉及诈骗）；所得结果的不稳定程度；策略与技术；竞赛者之间信息沟通的性质。巴达奇认为，政策执行有效与否，取决于各方参加者的“博弈”，即策略的选择[2]。赛局理论可能会产生四种影响执行的反效果，包括资源分散、政策目标的偏差、执行机关的困境、资源的浪费。虽然此模式有助于对执行参与者关系的了解，但忽略组织和社会因素对执行的影响[3]。④雷恩（M. Rein）和拉比诺维茨（F. F. Rabinovitz）的政策执行循环模型。美国政策学者雷恩和拉比诺维茨于1978年在《执行的理论观》一书中提出了执行循环模型。他们认为政策执行是一项介于政策与行动之间的动态过程。这一过程包括三个不同的阶段：纲领发展阶段、资源分配阶段和监督阶段，这三个阶段是相互循环的，而非直线单向的过程；同时，循环过程亦必受到环境条件的冲击与影响。该模型还强调每一阶段必须奉行合法原则、理性官僚原则和共识原则。这一模型侧重分析政策执行要素的重复影响力，并强调环境因素对政策执行过程的影响也是具有

---

〔1〕桑玉成，刘百鸣．公共政策学导论［M］．上海：复旦大学出版社，1991.

〔2〕张金马．公共政策分析［M］．北京：人民出版社，2004：391.

〔3〕黄立贤．教育政策执行成效与影响因素之研究——以小班教学政策为例［D］．台湾高雄师范大学教育研究所，2005.

重复性的。⑤ 霍恩和米特的政策执行系统模型。政策执行系统模型是美国著名的政策学家范·米特和范·霍恩（D. S. Van Meter and C. E. Van Horn）于1975年在《政策执行过程一个概念结构》一文中提出的。系统模型说明政策执行过程中影响到政策产生的相关因素有政策标准、政策资源（财物资源、信息资源、权威资源等）、组织沟通、强制力、执行机构的特性、执行人员的特性（执行人员的价值取向、行为能力、精神面貌以及执行机关的特征及其整合程度）、政治条件和社会经济条件（系统环境）[1]。该模型的优点在于找出了影响政策执行的重要因素，建立政策与执行之间的联系，而且也说明了各个变项之间的关系。该模型为我们处理经常预见的政策执行问题寻求到一个可以解决的有效途径。第一，政策执行机构充分了解所欲达到的目标是成功的政策执行的前提条件；第二，政策执行机构的能力也是成功的执行过程所必备的条件；第三，政策执行者是否服从应该服从的执行目标也是有效执行的关键。⑥ 萨巴蒂尔和马兹曼尼安的政策执行综合模型。美国著名政策学家萨巴蒂尔（P. Sabat i er）和马兹曼尼安（D. Mazmanian）于1979年合著的《公共政策的执行一个分析框架》提出了执行综合模型。他们认为影响政策执行各阶段的因素可分成三大类：政策问题的可处理性、政策本身的规制能力、政策本身以外的变数，每一大类可细分成几个小类。政策执行过程又可分为执行机关的政策决定、标的团体对政策决定的顺从、政策决定的实际影响、对政策决定所知觉到的影响和主要政策的修正5个阶段。该模式所注重从“政策环境”和“政策过程”来分析执行过程所受的影响。

这些模型各有独到之处，同时也存在一定缺陷，在此将各位学者的模型研究成果进行整合分析（表6－1），便于理清关系，为构建青少年体育活动促进政策执行效力模型提供理论基础。

---

〔1〕 徐凌，张继．公共政策分析［M］．长沙：湖南人民出版社，2004：150.

表 6－1　政策执行模型相关要素分析

执行模型	过程模型	系统模型	互动理论模型	循环模型	综合模型
政策执行影响因素分析	理想化政策	政策目标与标准	政策执行者	纲领发展	问题的可处理性
	执行机构	政策资源	政策受影响者	资源分配	政策本身
	目标群体	执行机构	环境因素	政策监督	其他因素
	环境因素	政治经济社会环境、执行者偏好			

通过整理可以看出，范米德（D. S. Van Meter）和范霍恩（C. E. Van Horn）构建的政策执行系统模型（以下简称“米德—霍恩系统模型”）是一系列政策执行模型的代表，是典型的“自上而下”政策执行模型，这与我国行政管理体制与层级关系相适宜。此模型重点分析了执行机构与执行人员在执行中的主导作用，说明了各影响因素之间的关系，阐述了政策执行机构与人员通过运用其他影响因素完成政策既定目标的过程。“米德—霍恩系统模型”提出后得到各国政策研究学者的认可和采纳，并被应用到不同领域的政策研究中。通过不断的验证和修正，此模型对于公共政策执行影响因素的研究具有较强的适用性〔1〕〔2〕。因此，本文将“米德—霍恩系统模型”作为构建青少年体育活动促进政策执行效力模型的重要依据之一，通过此模型来确定青少年体育活动促进政策执行效力的影响因素。

另外中国学者吕俊杰构建的“中国公共政策执行效力模型”是首次根据我国公共政策执行现状而构建的政策执行效力模型，对公共政策执行效力相关研究具有指引性。青少年体育活动促进政策属于公共政策的范畴，此模型对于构建青少年体育活动促进政策执行效力模型具有较强的示范性。基于此本文将“中国公共政策执行效力模型”作为构建青少年体育活动促进政策执行效力模型的另一依据。

综上所述，本文将“米德—霍恩系统模型”和“中国公共政策执行效力模型”

〔1〕杨成伟，唐炎，张赫，等．青少年体质健康政策的有效执行路径研究——基于米特—霍恩政策执行系统模型的视角［J］．体育科学，2014（8）：54－63.

〔2〕VAN H C E. Applied Implementation Research［R］. The Meeting of American Political Association Chicago，Illinois，1987.

作为构建青少年体育活动促进政策执行效力模型的依据，通过对两个模型的对比分析，确定青少年体育活动促进政策执行效力的影响因素，将影响因素作为模型的要素并根据它们之间的关系构建模型。

6.1.2.1 米德—霍恩系统模型

系统模型是米德、霍恩在1975年发表题为《政策执行过程：一个概念性的架构》的文章提出的。他们指出存在多种因素来影响政策制定向政策效果的“转化”。这些因素可分为系统内部和系统外部两个方面。其中系统内部包括：政策价值要求，即政策目标和标准；政策资源，政策达到要求所需的资源；政策执行方式，即政策执行者与目标群体之间的互动与交流；执行机关的特征和执行者的特征、工作水平和价值取向等。系统外部因素在这里指的是系统环境，包括经济环境和政策环境。该政策模型的优点是表明了政策执行影响因素之间的关系，为实际提升政策执行效力提供了解决方案[1]（图6－1）。

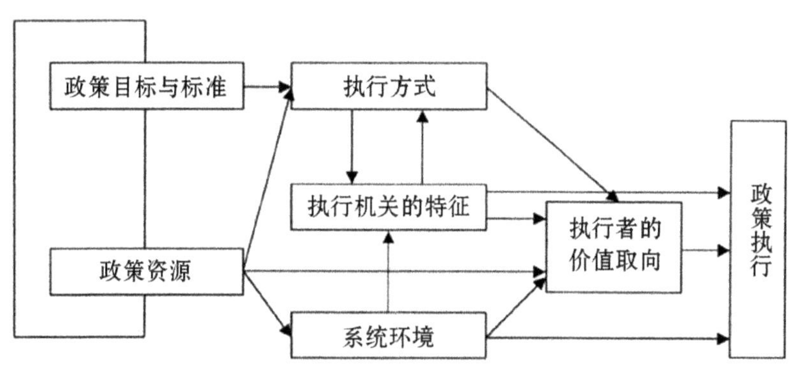

图6－1 米德—霍恩系统模型

（1）政策目标与标准

执行过程中的公共政策需要有明确的价值取向和标准判断，这是政策执行者和执行机构实施政策的基本导向，具有不可替代的指引性。同时是评价执行水平

〔1〕俞快．基于“核心”系统模型的地方高校人才引进政策执行研究［D］．上海：华东师范大学，2016.

的依据和参考。政策目标和标准对系统模型中的其他要素都会产生较大的影响。

（2）政策资源

政策资源指的是公共政策执行过程中为了达到政策既定目标所需的人力、物力、财力资源的总称。政策资源为政策目标转变成现实提供了可能，在系统模型中政策资源是不可或缺的要素，扮演着重要角色。

（3）政策执行方式

政策执行方式是政策执行者与政策目标群体的沟通、交流方式，这个过程实质上是两者之间的博弈过程。政策执行者对目标群体的执行方式主要有协调、交流、强制等三种方式。公共政策在执行过程中通过交换或传递信息来实现执行的延续，在这一过程中容易产生偏差。政策执行方式作为执行者与目标群体之间沟通的“桥梁”，是政策执行有效性的关键所在。

（4）执行机关的特征

执行机关的特征会直接影响到执行人员的价值取向。执行机关的特征主要包括：机构规模及人员能力；机构层次地位；机构的政策资源；机构的活力程度；机构的开放性和机构的人脉网络。

（5）执行人员的价值取向

政策执行人员的价值取向同样会影响其所在执行机关的特征，在政策执行的过程中执行机关和执行人员是不可分割的。政策执行人员的价值取向会受到多种因素的影响，这些都会对政策执行结果造成直接影响。

（6）系统环境

系统环境主要包括政策执行所处的自然环境和社会环境。任何一项政策在执行过程中都要受到环境的影响和冲击。环境的好坏并不受人为的控制但可以通过我们的努力去营造利于政策执行的环境。

6.1.2.2 中国公共政策执行效力模型

此模型是2006年吕俊杰在《当代中国公共政策执行效力探析》一文中提出的，他认为要根据中国目前的现实状况制定出符合国情实际的公共政策执行效力模型。目前我国公共政策执行过程中的一些行为会导致政策出现偏差，主要表现

为对政策象征性执行：敷衍了事，只做表面文章；对政策选择性执行：“趋利避害”的思想作怪；对政策附加性执行：对政策解读不到位，理解出现偏差。根据此种情况，他认为中国公共政策执行效力受四种因素的影响，即执行人员，政策本身，政府管理体制以及执行组织（图6－2）。

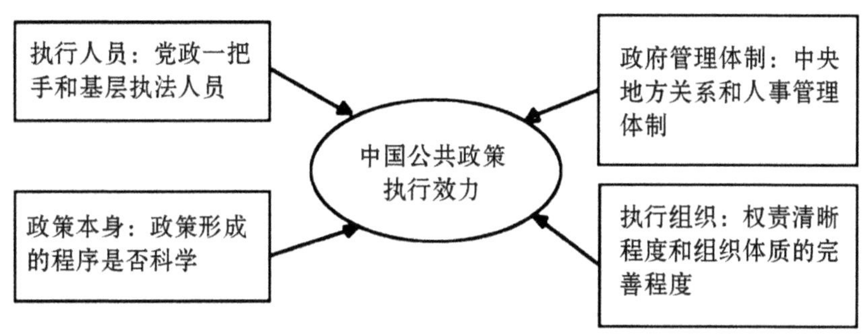

图6－2　中国公共政策执行效力模型

（1）执行人员

各级政府领导和将政策具体落到实处的人员就是公共政策的执行人员。值得注意的是，各级政府领导既是中央政策的执行者又是地方政策制定者，因此各级政府领导将发挥决定性作用，如果公共政策执行效力产生问题，各级政府领导应该负主要责任。但是由于具体的政策之间差异很大，所以基层行政执法人员一般对公共政策执行有很大的自由裁量权，这使得我们要注意他们的素质和执法水平。

（2）政策本身

在公共行政领域，许多政策都是因政策本身存在缺陷而造成执行中受到阻力，不能取得预期的效果。理想化的政策体现在政策的正确性和政策的可操作性上。首先，正确的政策应该是将解决客观的社会问题作为制定政策的根本目的，政策中的内容能够很好地反映现实同时其目标应该是合理化的。其次，政策的可操作性是将政策目标转化为现实的关键因素，不仅政策执行人员的行动准则还是评估和控制政策执行效果的依据。一项政策可以顺利实施，政策目标、措施和行动步骤必须具体明确。同时，还要求政策目标必须是可实现的，并且可以在执行中进行比较和衡量。模糊的政策不能得到有效执行，也容易出现政策边界划分不清、随意变通的现象产生。

（3）政府管理体制

政府管理体制包括组织管理体制和人事管理体制两方面内容。组织管理体制指的是中央与地方之间的关系，当我国还处于计划经济时期时，中央出台的决策都由地方执行并且地方对政策的执行效力比较高。但在计划经济过渡到市场经济时，中央和地方之间的关系发生了变化，从行政组织对政策绝对服从的关系转变为以利益为根本目标的博弈关系。这在一定程度上造成了中央和地方局部因目标不一致而产生的冲突。各地方为了维护自身的利益，对中央下达的政策以象征性，替代性或附加性的方式实施，削弱了中央公共政策的执行效力，破坏了国家的长远利益和长期目标。人事管理体制指的是我国在20世纪80年代开始，体制内实行官员下管“一级”的管理体制取代了原有的官员下管“两级”。在这个制度下，上级官员可以对下级官员进行直接任命和管理，大大提升了上级领导权力，但这会产生下级官员只是一味听从上级官员的领导，对各类事务没有自己判断，不能从实际出发，缺少实事求是的态度，结果会造成国家和人民的利益遭到损害。由此可见，人事管理系统的不完善也成为影响中国公共政策执行效力的重要因素。

（4）执行组织

政策执行需要由执行组织进行推进，因此需要合理的组织结构来确保政策能够得到有效执行。执行组织持有实施政策的方法、技术和资源，能够将政策制定者与大多数政策对象联系起来。基于此，政策执行组织是政策执行效力的重要影响因素。目前，政府职能虽然经历了多次改革但仍未彻底转变，其直接后果是机构之间权限划分不明确，责任相互推诿。另一方面，完整的组织系统应包括决策机构、执行机构、信息机构、咨询机构和监督机构。但我国长期以来只重视决策，缺乏对其他机构的关注，这同样是影响我国公共政策执行效力的原因。

6.1.3 青少年体育活动促进政策执行效力模型构建

企业管理领域较早地开展了执行效力的研究，分析企业领域关于执行效力的影响因素可以为青少年体育活动促进政策执行效力提供借鉴。企业管理领域关于执行效力的研究中，国外研究认为，领导者、文化变革和人员配置是执行的3个要素，人员流程、战略流程和运营流程是执行的3个核心流程。在实践中关注执行的三要素，并运用执行的3个核心流程，就能取得执行的良好效果[1]。我国学者在本土化执行效力模型研究中则认为“执行效力构成的关键要素包括心态、工具、角色和流程4个方面[2]”。

在行政管理领域关于政策执行力的研究中，国内外很多学者进行有益的探索。本文选取“米德—霍恩系统模型”和“中国公共政策执行效力模型”作为构建青少年体育活动促进政策执行效力模型的依据。通过对以上两个模型进行具体阐述与分析后发现，两个模型中影响执行效力的因素存在着共性也存在着不同之处，需要将两个模型中的要素进行比较与提炼（表6-2）。

表6-2 “米德—霍恩系统模型”和“中国公共政策执行效力模型”的要素分析

模型	米德—霍恩系统模型	中国公共政策执行效力模型
影响政策执行效力的变量	政策目标与标准	政策本身
	政策资源	政府管理体制
	政策执行方式	执行组织
	执行机关的特征	执行人员
	政策环境	
	执行人员的价值取向	

“中国公共政策执行效力模型”变量中的“政策本身”是以“米德—霍恩系统模型”为基础，除了“米德—霍恩系统模型”中提到的“政策目标与标准”还将“政策方案措施”也扩展作为政策本身中的影响因素之一。政策方案措施是政策中的重要组成部分，具体的、明确的方案措施才能够保证政策的可行性和可操作性。因此将两者进行归纳，确定出影响青少年体育活动促进政策的因素之一为政策本身。

---

〔1〕 拉里·博西迪和拉姆·查兰所．执行——如何完成任务的学问［M］．北京：机械工业出版社，2003：366.

〔2〕 周永亮．本土化执行力模式［M］．北京：中国发展出版社，2004：522.

“中国公共政策执行效力模型”中政府管理体制主要包括中央与地方间的关系和人事管理体制。他认为我国在计划经济时期，处于中央决策地方执行的关系，但随着改革开放逐渐变为市场经济过渡时期，中央与地方转向以经济实体为基础的对策博弈关系。当地方有一定自主决策权和人事任免权时，中央与地方容易形成局部或短期目标冲突的局面，这就造成中央所下达的政策不能在地方有效地执行。在与“米德—霍恩系统模型”中所涉及的“执行机关的特征”相似概念的“执行组织”变量，吕俊杰（2006）[1] 认为没有完善的执行组织将造成政府机构臃肿、部门之间权限不清、政策与实施不能衔接等问题。并且提出一套完整的组织体系应包括决策机构、执行机构、信息机构、咨询机构、监督机构。由此可以看出，在我国政府管理体制仍面临着很多矛盾，并且整个系统的缺陷直接影响执行人员的执行效力。“米德—霍恩系统模型”变量中“执行人员的价值取向”与“中国执行效力模型”变量“执行人员”内涵相似。执行人员在执行政策效果产生影响主要是由他们的素质；价值取向；工作态度；对政策传达、解读、宣传是否到位；是否制定实施方案等方面决定的。

由此可以看出，在“政府管理体制、执行组织和执行人员”这三个变量包括了“米德—霍恩系统模型”中“执行机关的特征和执行人员的价值取向”的概念，都涉及具体执行机构和人员的对公共政策执行效力的影响，因此本文将进行提炼将其统称为执行主体[2]。

“米德—霍恩系统模型”中的变量还包括：政策资源、政策执行方式以及政策环境。政策资源包括公共政策执行过程中为满足各项要求所需的人力、物力、财力资源的总称。政策资源为政策目标转变成现实提供了支撑，是不可或缺的因素；政策执行方式是政策执行者与政策目标群体的沟通、交流方式。政策执行方式作为执行者与目标群体之间沟通的“桥梁”，是政策执行有效性的关键所在。系统环境主要包括政策执行所处的自然环境和社会环境，任何一项政策在执行过程中都要受到环境的影响和冲击。因此“米德—霍恩系统模型”中这三种变量对公共政策执行的影响较为深远，是非常重要的影响因素。

---

〔1〕 吕俊杰．当代中国公共政策执行效力初探［J］．长江论坛，2006（3）：52－54.
〔2〕 史俊霞．影响公共政策执行效力的因素分析［J］．商业经济，2008，（8）：96.

本文将“中国执行效力模型”和“米德—霍恩系统模型”中政策执行效力影响因素归纳总结。即“米德—霍恩系统模型”中的“政策目标与标准”概念过于狭窄，对比“中国执行效力模型”中的“政策本身”加入“政策方案措施”更能涵盖政策自身影响因素的概念；将两模型中有关执行政策的组织、个人影响因素的概念相互融合统称为“政策执行主体”影响因素。“政策资源、政策环境和政策执行方式”是“米德—霍恩系统模型”中认为对公共政策执行过程中起重要影响因素但在“中国执行效力模型”中并未提及的影响因素。

通过对两种模型的对比，根据青少年体育活动促进政策的特点，结合企业管理领域和行政管理领域关于政策执行效力的研究，将能够包含的概念进行总结，将不能融合的概念进行分析，本文认为我国青少年体育活动促进政策执行效力的影响因素主要包括：政策本身、政策执行主体、政策执行方式、政策执行资源、政策目标群体和政策执行环境六种要素（图6－3）。

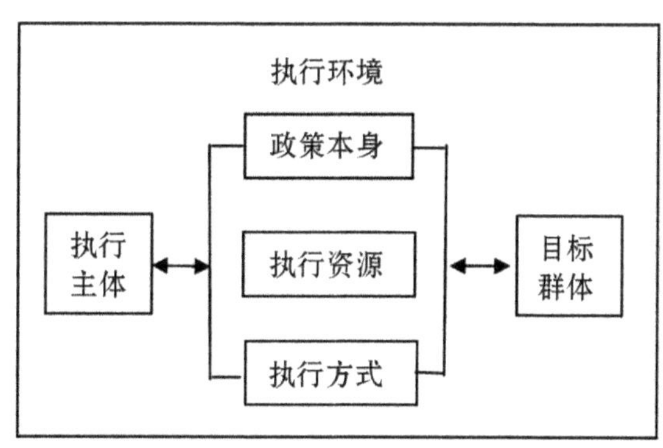

图6－3　初步构建的青少年体育活动促进政策执行效力模型

青少年体育活动促进政策执行效力模型各要素之间的关系为：青少年体育活动促进政策执行主体在获取青少年体育活动促进政策的相关政策信息后，通过一定的执行方式，将政策的要求转化为现实并实现目标群体（青少年）参与体育活动的目标。在整个政策执行过程中会受到政策资源和政策环境的双重影响。

6.1.4 青少年体育活动促进政策执行效力模型要素分析

在初步构建模型后，针对模型各要素在青少年体育活动促进政策执行效力重要程度以及模型结构是否合理的问题与专家进行访谈，根据访谈结果进一步分析青少年体育活动促进政策执行效力模型中的各要素，在此基础上优化青少年体育活动促进政策执行效力模型。

6.1.4.1 要素一：政策本身

在公共管理领域，许多政策不能达到预期效果，执行中困难重重，很大程度上与政策本身的缺陷有关。因此，分析政策本身如何影响政策执行有助于制定更加科学、合理的政策，使政策得以有效执行。政策本身包含政策目标和政策方案措施两方面内容。政策目标作为政策的总基调，在政策中必须要明确；政策方案措施作为执行主体在执行政策中的主要依据，也是评估政策执行标准，它应该是具有可操作性的。另外，连续出台的一系列政策之间应是相互协调，兼容的，不能出现前后矛盾的现象。因此，概括而言，理想化的政策体现在政策的明确性及正确性、政策的可操作性和政策的协调性三个方面。

第一，正确的政策首先体现它是针对客观的社会问题，表现在政策所规定的各项内容能够很好地反映客观存在的现实情况。政策本身的合理性表现为政策目标体系的合理性。以体育与健康课程标准为例，以目标的层次体系作为《体育与健康课程标准》文本的基本主线是本次设计《体育与健康课程标准》时的有益尝试，新课标提出的“课程目标”“学习领域目标”“内容标准”和“学习领域一至五”等新概念也是本次《体育与健康课程标准》的首创。但是，上述概念在含义和相互关系上还有许多不清晰之处，这是造成体育教师作为《体育与健康课程标准》使用者对其体系理解困难，并在课堂教学目标上照搬《体育与健康课程标准》目标的原因所在[1]。只有建立合理的课程目标体系，厘清目标间关系，才能保证课程标准的执行效力，才能从源头上保障体育课程改革的最终成功。第二，政策目标和内容的具体性、可操作性是政策能够化为实际行动的关键，是政策执行者

[1] 王书彦，孙晓婷．普通中学体育政策执行力影响因素探析［J］．北京体育大学学报，2009（2）：104－107.

行动的依据，也是对政策执行进行评估和控制的基础。一项政策要能顺利执行，从操作和技术方面来讲，政策方案和目标、政策措施和行动步骤必须具体明确。同时，政策的具体明确还要求政策目标是切合实际并可以达到的，是可以进行比较和衡量的。在实际政策执行中，模棱两可，含糊不清的政策无法执行，也容易引起政策界限不清和导致政策随意变通。第三，政策系统作为一个有序的整体，要求各项政策之间具有协调性。否则，就会破坏政策系统的结构，使政策系统功能发生紊乱，并可能导致整个政策的瓦解。

调查结果显示，专家们一致认为政策目标明确和政策措施具体可行会对政策执行效力水平产生非常重要的影响。针对目前已出台的青少年体育活动促进政策目标是否明确的问题，通过统计 10 位专家意见发现，1 位专家认为政策目标非常明确能够抓住“促进青少年体育活动开展”的总目标，在总目标确定后又按照不同的标准制定出符合实际且能够达到的分目标，2 位专家认为政策目标比较明确，2 位专家认为政策目标一般明确，5 位专家认为政策目标不太明确。政策方案措施是否具体的问题，只有 3 位专家认为一般具体，7 位专家认为不具体。此结果表明，青少年体育活动促进政策目标的明确程度和政策方案措施具体化程度亟待提高。

另外，根据对国家层面和国务院直属部委颁布的青少年体育活动促进政策的数量统计发现，国家层面政策占总数量的 36%，直属部委层面政策占总数量的 64%，这说明在一系列政策中国家层面颁布的高权威级别政策较少，多数都是国家体育总局等直属部委颁布的权威级别较低的政策，政策本身的强制性较低。这导致各省市青少年体育主管部门在贯彻落实政策的过程中缺乏主动性和责任感，政策执行效果大打折扣。由此可见政策目标、政策方案措施以及政策级别都会对政策本身的好坏产生直接影响，进而影响政策执行效力。

6.1.4.2 要素二：政策执行主体

执行主体是政策执行效力所需要的最基本要素之一，所有政策都需要执行主体来贯彻落实，因此执行主体在政策执行效力中扮演着绝对重要的角色。他们的认知水平、认知态度、业务能力等方面的素质都对执行效力水平产生深远影响。执行主体恰当的执行行为会对政策实施效果产生积极的影响，相反，不当的执行行为会对政策执行效果产生消极影响。这就对政策执行主体提出了较高的要求。

根据前文研究可知执行主体包括执行组织机构和执行人员。具体到青少年体育活动促进政策，其执行主体为主管青少年体育工作的各级机构及其工作人员，按层级划分主要包括：国务院、国家体育总局、国家体育总局青少年体育司、各省市自治区直辖市新疆建设兵团体育局青少年体育管理部门以及下属地市级青少年体育管理部门。同时由于青少年的特殊性，他们还处于接受教育的阶段，因此教育部门同样担负着保障青少年体质健康，促进青少年体育活动开展的任务。在各级教育部门中体育卫生与艺术部门主要负责在校青少年学生的体育活动开展工作。由此我们可以了解目前对于青少年体育的管理属于双重管理体制（图6－4）。按照这样的层级划分，国家层面和国务院直属部委层面出台的青少年体育活动促进政策执行主体为各省市体育局青少年体育工作管理部门和教育局体育卫生与艺术教育管理部门，作为执行主体他们在执行政策时主要从以下方面影响青少年体育活动促进政策执行效力。

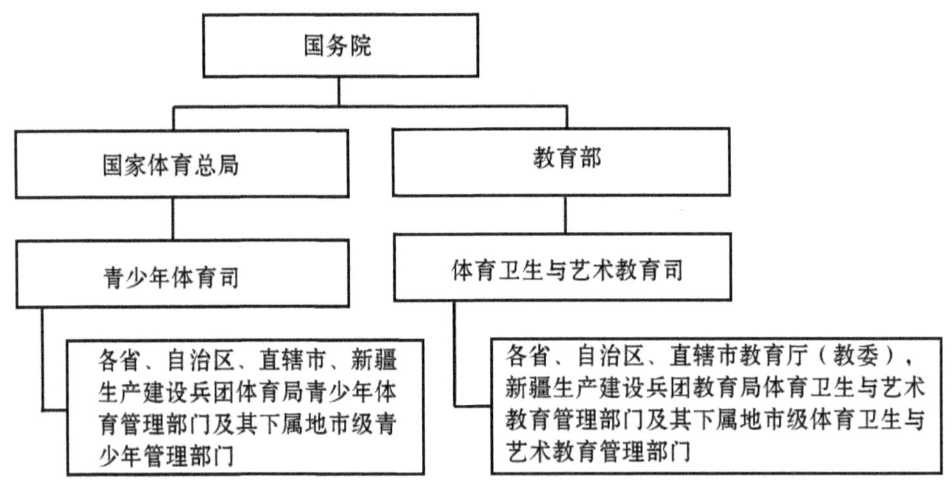

图6－4　青少年体育活动促进政策执行主体结构及层级关系

（1）执行主体的工作素养

工作素养是工作中需要遵守的行为规范。工作素养包含工作态度和工作水平。

工作态度是内在要求，工作水平是外在表象。通过专家的意见反馈发现现实中青少年体育活动促进政策执行中出现变形走样的情况，在一定程度上与政策下达后执行主体对工作不够重视，工作态度不够积极和工作水平不高有关系。有9位专家认为执行政策的组织机构和工作人员的工作态度非常重要或重要，1位专家认为一般重要。总体上专家认为执行主体的工作素养在政策执行中起着举足轻重的作用。

（2）执行主体对政策的认知和转化能力

现实的政策管理体制包含分离型和交叉型两种[1]。值得注意的是，青少年体育促进政策属于交叉型管理体制的范畴，即青少年体育活动促进政策的决策者和执行主体是相对分开却又重合的关系。各省市体育局青少年体育管理部门和教育局体育卫生与艺术教育管理部门既是国家层面和国务院直属部委层面颁布的青少年体育活动促进政策的执行主体，同时他们又是各省市层级青少年体育活动促进政策的制定者和决策者，在这样双重身份的影响下就要求执行主体要加强对政策的认知与转化能力。执行主体对政策的认知能力表现在实施方案制定工作是否到位，对政策的转化能力表现在执行主体根据政策内容能够制定本地区的政策实施方案。通过前文对青少年体育活动促进政策执行现状的问题分析以及对专家访谈得知，目前只有少数省市制定政策实施方案及相关配套方案，青少年体育活动促进政策出台后确实存在执行主体对政策认知、转化不到位的情况。同时在访谈中，10位专家一致认为制定本地区的政策实施方案十分重要。这样的结果表明执行主体必须培养并加强对青少年体育活动促进政策的认知和转化能力，这对政策执行效力起着关键作用。

（3）执行主体之间沟通协调能力

执行主体之间沟通与协调包含两种形式：一种是纵向沟通，另一种是横向沟通。纵向沟通指的是某个执行主体内部上下级间的沟通，即青少年体育活动促进政策执行主体的上一级部门通过有效的沟通渠道将政策传达给执行主体，反之，执行主体上一级部门了解执行情况同样需要有效的沟通方式。横向沟通指的是政

〔1〕 刘熙瑞．公共管理中的决策与执行［M］．北京：中共中央党校出版社，2003：105.

策的执行往往会需要很多执行主体进行分工、合作[1]。由青少年体育活动促进政策执行主体结构可知，政策需要体育管理部门与教育部门的“双管齐下”的执行。各省市体育局青少年体育管理部门的职责包括：指导和推进青少年体育工作，拟订青少年体育工作的有关政策、规章、制度和发展规划草案；组织开展青少年体育工作检查监督和评估表彰……各省市教育局体育卫生与艺术教育管理部门的主要职责包括：指导大中小学体育、卫生与健康教育、艺术教育、国防教育工作；拟订相关政策和教育教学指导性文件；规划、指导相关专业的教材建设以及师资培养、培训工作……由此可见在青少年体育活动促进政策执行中既有分工又有合作。但是，由于体育部门与教育部门在管理青少年体育工作方面的侧重点不同，教育管理部门只是管理在学校接受教育的青少年群体，而体育管理部门将重点放在竞技体育人才培养上，因此在贯彻落实青少年体育活动促进政策的过程中难以形成合力，可能会造成责任相互推诿，会产生由于执行不到位所导致的政策“盲点”。通过访谈，专家表示目前执行主体间责任相互推诿的现象时有发生，但并不明显。9 位专家认为执行主体间的相互合作是非常重要或重要，1 位专家认为一般重要。而且专家们同时表示执行主体双方在分工与合作使要加强相互之间的有效的沟通，相互交换意见与看法，努力化解矛盾冲突，提高政策执行效力。

6.1.4.3 要素三：政策执行方式

政策执行方式是执行主体落实政策的方法和措施，是政策执行主体与政策目标群体间沟通的途径。青少年体育活动促进政策的执行方式是在青少年体育管理部门与青少年两者之间展开的，主要包括两方面内容。其一，执行主体与青少年之间沟通以及对青少年的了解程度。根据专家反馈，6 位专家认为目前执行主体在此方面做法较好，4 位专家认为执行主体做法一般，由此说明执行主体与青少年沟通良好，对青少年比较了解。其二，执行方式还表现为青少年体育活动的开展形式以及执行主体对青少年体育活动开展情况的跟踪管理。专家们一致认为目前各省市青少年体育活动的开展形式较为单一，缺乏创新性，同时执行主体缺乏对各项青少年体育活动的跟踪管理，表现在政策刚出台的一段时间内政策执行主体的

[1] 陈振明．公共政策学［M］．北京：中国人民大学出版社，2004：257.

积极性较高，而后就逐渐缺乏对青少年体育活动开展情况的走访调查。对于政策执行方式在影响政策执行效力的重要程度的问题上，9 位专家都认为是非常重要或重要的，1 位专家认为一般重要。总体上专家们认为政策执行方式对政策执行效力水平的高低起着举足轻重的作用。

6.1.4.4 要素四：政策执行资源

在当今社会，资源具有重要的地位和作用，为各类活动提供了保障。在政策执行领域也是如此，一项再完美的政策没有资源的支撑，就会变成一纸空文，无法得到有效执行。青少年体育活动促进政策资源包括：人力资源、物力资源和财力资源等。

（1）人力资源

在青少年体育活动促进政策中人力资源指的是青少年体育活动专业指导人员和其他工作人员。青少年体育专业指导人员包括校内体育教师及课外体育专业教练，青少年体育活动工作人员指的是青少年体育俱乐部等各类组织内保障运营的工作人员。专家们对人力资源会对青少年体育活动促进政策执行效力产生重要影响的说法表示了充分的肯定。针对目前青少年体育活动专业指导人员和工作人员是否充足的问题，有 8 位专家表示不够充足，2 位专家表示一般充足，可见目前青少年体育活动促进政策人力资源较为匮乏，需要及时补充专业指导人员和工作人员来保障各类青少年体育活动顺利开展。

（2）物力资源

青少年体育活动促进政策执行的物力资源指的是能够满足青少年体育活动需要的诸如体育活动场地、体育活动器材等则称为物力资源。目前，我国城乡各中小学校普遍存在体育教学物质保障不足的问题，突出的矛盾是学校场地不足或不达标、器材老化等，这些问题直接或间接地影响着青少年体育活动的开展[1]，专家们也普遍表示当前物力资源还不能完全满足开展青少年体育活动的需要，此情况会制约着青少年体育活动促进政策的执行，亟待予以解决。他们认为需要强化物力资源在青少年体育活动促进政策执行中的重要地位与作用。

---

〔1〕 张锡娟．青少年学生体育政策执行过程研究［D］．天津体育学院，2014.6.

（3）财力资源

财力资源包括为保障政策顺利实施所提供的一切资金支持。目前各类青少年体育组织建设和青少年体育活动开展的主要经费来源都是依靠政府相关部门扶持经费和体育彩票公益金。从前文青少年体育活动促进政策资源的现状显示，各省市中青少年体育经费保障机制仍不健全，投入普遍不够，保障能力较低，水平不高[1]。同时在与专家访谈中，9 位专家都表示目前青少年体育活动促进政策执行中所需资金不够充足，资金来源较为单一，大部分都是由政府直接拨款的扶持经费，社会组织缺少对青少年体育活动的资金投入。在财力资源对于政策执行效力影响的重要性方面，8 位专家都表示财力资源在政策执行中的作用较为重要，要扩大资金来源渠道，加大资金投入力度。

6.1.4.5 要素五：政策目标群体

政策目标群体是政策直接作用的对象。政策执行的是否有效，很大程度上取决于目标群体对政策的认同度。青少年作为青少年体育活动促进政策的直接目标群体，他们对于政策的了解程度、接受程度会对执行过程造成最直接的影响。同时，目标群体会通过执行资源、执行方式将政策执行效力反馈给执行主体，执行主体对政策做出修正、补充、甚至废止随着环境变化不合理的政策。在访谈中，8 位专家认为目标群体对政策的认知会影响政策的执行效力，特别是青少年及家长对体育活动促进青少年身心健康重要作用的认识程度在很大程度上决定了他们对体育活动促进政策的认可和接受程度，并作为政策执行客体反馈于执行主体，促进或阻碍政策执行过程，最终影响政策执行效力。

6.1.4.6 要素六：政策执行环境

政策执行环境一般包括自然环境和社会环境，所有政策在执行过程中都要受到这两种环境的冲击和影响。适宜的环境会营造出利于政策执行的氛围，反之不适宜的环境必将妨碍政策执行。具体到青少年体育活动促进政策，7 位专家表示，目前青少年体育活动促进政策所处自然环境较为适宜且自然环境不受人为的控制，因此自然环境对政策执行效力的影响程度比较有限。社会环境对青少年体育活动

---

〔1〕 刘扶民，杨桦．中国青少年体育发展报告（2016）［M］．北京：社会科学文献出版社．2016.

促进政策执行效力的影响主要来源于学校环境和家庭环境两方面，这是由青少年群体本身的特性决定的。学校环境方面，由于我国现行考试制度对我国教育体系的冲击致使我国中小学校一味地追求学生的升学率而缩短体育课课时，更有甚者还将本应有的体育课转为其他课程[1]。有的学校甚至把学生考试成绩、获奖情况作为教师奖金、升迁的因素。在专家访谈中9位专家对目前一些学校出现轻视体育课和课外锻炼的状况表示担忧。对于学校环境对青少年体育活动促进政策执行效力影响重要程度中，9位专家表示非常重要或比较重要，1位专家表示一般重要，这表明学校环境在青少年体育活动促进政策执行中的作用较为突出，必须加以重视，要加大力度从根本上转变当前学校教育中充斥的“重文轻体”思想。家庭环境方面，根据2014年国家体育总局公布的全国10省（区、市）城乡居民体育健身活动及体质状况抽样调查发现，17.4%的家长对子女参加校外体育锻炼持无所谓态度[2]，这就表明了问题的症结之所在。在访谈中，专家们同样对目前出现一部分家庭忽视青少年体育活动的现象表示担忧，因为有一部分家长只重视青少年文化课的学习，认为学习成绩至上，对开展青少年体育活动的作用也存在着误解，将参加体育活动简单地认为成耽误时间的“玩耍”。专家们同时表示家庭作为青少年的“第二课堂”，家长的思想与行为会对青少年造成潜移默化的影响，因此家庭环境对青少年活动促进政策执行效力的影响程度较为深远。

通过对青少年体育活动促进政策环境的分析，与自然环境相比较而言，学校环境和家庭环境会对青少年体育活动促进政策执行效力产生深刻的影响。因此需要加强对学校和家庭的正确引导，创造青少年体育活动锻炼的良好氛围。

6.1.5 青少年体育活动促进政策执行效力模型的优化

邀请10位专家针对初步构建的青少年体育活动促进政策执行效力模型的相关问题进行访谈中，专家给出如下意见：9位专家对模型排列合理简化易懂表示完全同意或比较同意，1位专家表示一般同意；由此可见初步构建的模型在合理简化方面已达到要求；在模型符合青少年体育活动促进政策影响因素的现实状况方面，8

〔1〕 张锡娟．青少年学生体育政策执行过程研究［D］．天津：天津体育学院，2014.6.
〔2〕 2014年全国学生体质与健康调研结果［J］．中国学校体育，2015（5）．

位专家表示完全同意或比较同意，2 位专家认为一般同意，此方面基本达到要求；在模型能够对青少年体育活动促进政策执行效力起到解释说明的方面，7 位专家表示完全同意或比较同意，2 位专家表示一般同意，1 位专家不太同意。此情况说明模型在对促进政策执行效力的解释说明方面存在一定的欠缺，因此需要优化、进一步解释说明；在模型能够抓住青少年体育活动促进政策执行效力关键要素方面，8 位专家表示完全同意或比较同意，2 位专家表示一般同意，专家同时表示模型中没有对于关键要素的明显标注，不够清晰明了；在模型能够反映各要素之间的关系方面，7 位专家表示完全同意或比较同意，2 位专家表示一般同意，1 位专家不太同意，这说明对于各要素之间的关系模型中没有明显体现，需要进一步改进；对于调控模型要素是否能够提升青少年体育活动促进政策执行效力水平方面，6 位专家表示完全同意或比较同意，4 位专家认为一般同意，在这一方面专家表示由于现实的政策环境较为复杂，政策执行效力也会受多种不确定因素的冲击，因此模型能够在我们相对可控的范围内来提升政策执行效力水平。通过前文分析青少年体育活动促进政策执行效力模型 6 种要素及其影响程度，同时结合专家意见与建议对初步构建的模型进行优化，优化后的青少年体育活动促进政策执行效力模型见图 6－5。

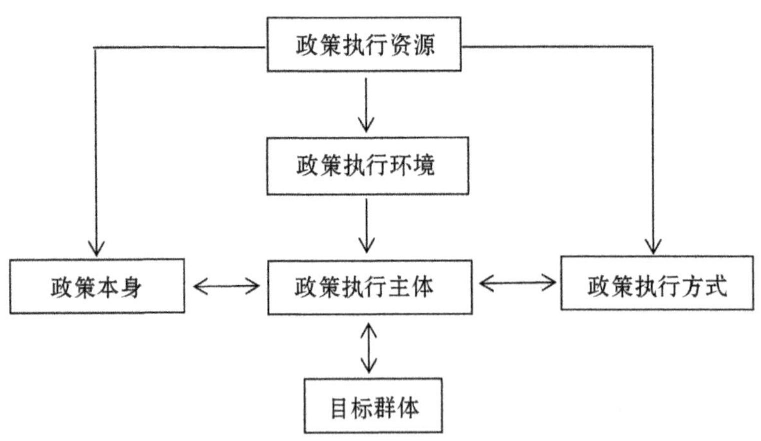

图 6－5　青少年体育活动促进政策执行效力模型

青少年体育活动促进政策执行效力模型是在明确青少年活动促进政策执行效力影响因素的基础上构建的，模型中包含了6种要素：政策本身、政策执行主体、政策执行方式、政策执行资源、政策目标群体和政策执行环境。要素间的关系如下：政策资源（人力资源、物力资源和财力资源）影响政策本身（政策目标和政策方案措施）、政策执行方式和政策环境（自然环境和社会环境）的同时，政策本身（政策目标和政策方案措施）、政策执行方式和政策环境（自然环境和社会环境）会直接影响政策执行主体；执行主体与目标群体之间，政策执行主体与政策本身之间，政策执行主体与政策执行方式之间都存在双向互动关系，最终在6种要素的共同作用下影响青少年体育活动促进政策执行效力。各要素对青少年体育活动促进政策执行效力的影响程度在模型中是按照距离“青少年体育活动促进政策执行效力”的远近体现出来的。

青少年体育活动促进政策执行效力模型表明：政策执行主体对青少年体育活动促进政策执行效力产生直接且最为深远的影响，在模型各要素中居于主导地位；政策执行主体对政策本身进行“加工”并在此基础上通过一定的政策执行方式促进青少年体育活动的开展，完成政策既定目标；政策环境将对执行主体产生直接影响，政策资源将通过影响政策本身、政策执行方式以及政策环境的方式间接影响政策执行主体，进而影响青少年体育活动促进政策执行效力。

6.2 青少年体育活动促进政策执行效力诊断

为了探寻我国青少年体育活动促进政策执行效力的特点和存在的问题，分析制约青少年体育活动促进政策执行效力的因素，提出提升青少年体育活动促进政策执行效力的途径和方法，本文运用问卷调查数据和实地考察资料对我国青少年体育活动促进政策执行效力现状进行分析。

青少年体育活动促进政策的执行主体是中小学校长和体育教师，政策目标群体是青少年学生。不同群体对青少年体育活动促进政策执行效力评价存在差异。“从总体上看，您对您校执行青少年体育活动促进政策的总体评价”结果看，六成以上执行主体认为执行一般，效果一般，有8.6%的执行主体认为执行无力、效果差。体育教师对青少年体育活动促进政策执行效力评价低于校长。体育教师是学校体育政策的具体执行者，他们更加了解青少年体育活动促进政策的目标和任务以及青少年学生参加体育活动的实际情况以及政策执行取得的效果。而校长需要负责学校的全面工作，面临着包括青少年体育活动促进政策在内的各种教育政策的执行任务，其对学校体育工作的定位高低会影响到青少年体育活动促进政策执行效力水平判断标准的高低，通常定位低，判断标准也会较低，从而形成较高的判断结果（表6－3）。

表6－3　不同群体对青少年体育活动促进政策执行效力的评价

		执行有力、效果好	执行一般、效果一般	执行无力、效果差	合计
执行主体	人数	26	59	8	93
	百分比/%	28	63.4	8.6	100
校长	人数	18	30	0	48
	百分比/%	37.5	62.5	0	100
体育教师	人数	9	24	12	45
	百分比/%	20	53.3	26.7	100

以上结果表明，绝大多数的学校政策执行主体对青少年体育活动促进政策的执行情况并不持有积极的评价，青少年体育活动促进政策的执行效力不容乐观，中小学在青少年参与体育活动的政策执行方面还有一定的提升空间。

7 青少年体育活动促进政策执行效力提升路径研究

7.1 提高政策科学性与合理性

第一，提高青少年体育活动正常的科学性。虽然近几年国务院、教育部、国家体育总局和地方政府的主管机构相继出台了一系列促进青少年体育活动的政策，但是这些政策还存在内容不够清晰、缺少连贯性、操作性不强等问题，并且很多青少年体育活动缺少必要的保障机制。有学者分析了《体育与健康课程标准》提出的“课程目标”“学习领域目标”“内容标准”和“学习领域一至五”，认为这些新概念在含义和相互关系上有诸多不够清晰的表述，是造成体育教师理解困难，难以执行的原因[1]。王书彦的调查结果显示仅有39.4%的体育教师认为《体育与健康课程标准》目标明确性，35.2%的体育教师认为目标具体[2]。内容规定缺乏明确性和具体性必然造成青少年体育活动在具体开展中陷入一种模糊状态，成为执行主体采取不执行政策，甚至抵制政策等现象发生的重要因素。科学化的政策需要内容规定的具体性、连贯性以及可操作性。因此，要使青少年体育活动促进政策顺利贯彻执行，首先必须结合本地区、本校实际，将政策内容具体化、具有

[1] 孙文琦. 体育投入理论研究 [J]. 山东体育学院学报，2005，21 (6)：12 - 15.

[2] 王书彦，孙晓婷. 普通中学体育政策执行力影响因素探析 [J]. 北京体育大学学报，2009 (2)：104 - 107.

可操作性。第二，促使青少年体育活动促进政策更加合理化。按照史密斯的政策构成理论，合理的政策才能在实际运行过程中被贯彻执行，不易产生政策阻滞问题。提升政策的合理性，除了听取体育界学者、专家的意见外，还需要各级青少年体育管理部门、执行主体、特别是校长和体育教师参与到青少年体育活动政策的制定过程中来，而且，在政策制定过程中，还应该充分听取目标群体，即中小学学生的意见，青少年体育活动促进政策才会更容易获得中小学生的认同与支持。

7.2 提升执行主体的政策执行能力

在我国青少年体育活动促进政策执行的链条中，中小学是最终的执行组织。影响青少年体育活动促进政策执行的因素比较复杂，其中执行主体因素，即校长和体育教师的是关键因素。政策执行主体的执行态度和执行能力决定了政策执行主体在政策执行过程中对工作重视程度、责任心和工作效率，最终决定了政策的执行效力。青少年体育活动促进政策个人执行能力表现为校长对青少年体育活动政策的认知和认同、体育教师执行政策的认知能力、学习能力和创新能力[1]。第一，提高校长对青少年体育活动促进政策的认同感和责任感。政策认同是保障政策执行效率的极其重要的内容。一项政策如果不能被政策执行者认同就难以被心悦诚服地接受和执行。校长的学校工作的第一责任人，也是青少年体育活动政策的主要执行者，校长对青少年体育活动促进政策的认同感是政策有效执行的基础，如果校长不能正确、深刻地认识青少年体育活动的价值与意义，则会影响整个学校对政策执行的态度和行为，导致执行无力，甚至偏离。政策执行主体对所执行政策的认知是良好政策认同的前提，因此，可通过专题交流、校长培训等方式和途径加强其对学校体育政策的认知和认同，此外，还应该通过完善校长责任制和校长业绩考核评估标准等制度建设予以强化。同时，校长在青少年体育活动促进政策执行中的地位与作用决定了其必须承担相应的责任。企业执行力的研究表明，“忠实执行”“拒绝抱怨”“执行没有借口”是企业执行力提升的经验总结，也是执行力强的企业组织重要特点之一，因此加强校长政策执行的责任意识也是提供

〔1〕 王书彦．学校体育政策执行力及其评价指标体系实证研究［D］．福建师范大学，2009.

执行效力的有效途径。第二，加强体育教师培训，提升体育教师对政策的理解力。青少年体育活动促进政策的执行最终要落实到每个体育教师身上，因此，通过加强体育教师的职前培训和入职后的继续教育，完善体育教师的知识结构，提升他们对青少年体育活动促进政策的理解，是提升体育教师的政策执行能力的有效方法。

7.3 提高目标群体对政策的认同度

一项公共政策能否达到预期效果，与公共政策目标群体对待政策的态度密切相关。一般而言，目标群体对政策的认同度越高，政策执行的阻力越小。目标群体对政策的态度取决于自身的价值观和利益取向，进而产生相应的行为，符合自身价值观和利益取向的政策，就会积极接受，反之，会对政策采取敷衍或抵制的态度和行为。我国以往的学校教育比较重视文化课程的教育，家长亦是如此，导致经常出现体育课和体育课外活动被文化课挤占的现象。因此，提升青少年体育活动促进政策的执行效力，加强和青少年学生对政策的认同度至关重要。提升政策目标群体的政策认同度，需要转变中小学生及其家长的体育价值观念，家长首先就要摒除不良的思想观念，抛弃古旧的重文化轻体育的培养方式，正确对待孩子的身体健康，把体育锻炼和文化学习同时并举，还给孩子一个科学、合理、有益身心发展的生活环境。对于中小学生，可以通过开设体育理论知识课程、体育活动体验等方式提升中小学生对体育运动的认知，形成良好的体育价值观，以利于提升体育活动促进政策的认同度。

7.4 强化物质资源的保障作用

目前，我国城乡各中小学校普遍存在体育教学物质保障不足的问题，突出的矛盾是学校体育经费短缺、场地不足或不达标、器材老化、体育师资短缺等，这些问题直接或间接地影响着学校的体育教学，也制约着青少年体育活动促进政策的执行，亟待予以解决。① 设立学校体育专项基金，多种渠道筹措学校体育经费。一方面，积极争取政府对学校体育经费的投入力度。我国《教育法》和《义务教育法》中规定，国家和地方政府投入是学校的主要经费来源。学校体育是我国学校教育的重要内容，因此，政府在学校体育经费的投入中处于主体地位。在实践中，为保证学校体育经费，建议设立学校体育工作的专项经费，并纳入教育经费预算内予以保障，而且做到随着教育经费的增长同步增长。另一方面，吸引社会资金投入学校体育领域。落实体育彩票公益金用于学校体育设施建设的资金，鼓励学校使用公共体育资源，鼓励企事业单位、社会团体、个人资助学校体育活动。有条件和有能力的学校也可通过学校体育场馆设施对社会开放弥补学校体育经费的不足。② 针对城市改造、人口增加、学校扩招、生源超编带来的机遇和矛盾，积极规划、投资建设新校，增加学校数量，尤其在新建小区要保证学校建设用地，留足操场面积。③ 加强体育师资建设。在体育教师的配备上，同文化课教师选配一样，公开招聘、公开录用，通过这些有效办法，积极提供政策落实的物质资源保障，调动学校做好青少年学生体育政策执行的积极性，从而使各政策执行主体之间形成贯彻落实青少年学生体育政策的合力。为了提高学校体育师资的质量，一方面应完善体育教师继续教育，提高体育教师的政策执行能力，另一方面学校自身也应做好体育教师的获取、使用、培养和保留工作。

7.5 优化政策执行的内外部环境

任何政策系统的形成和运行都需要一定的内外环境，政策系统与周围环境系统之间进行着物质的、信息的、能量的互动与交换。青少年体育活动促进政策的执行也是处于一定的社会、文化环境因素中，并受这些环境因素的制约。因此，青少年体育活动促进政策的有效执行需要对内外环境因素进行优化。首先，优化政策执行内环境。明确学校中学校体育的权责主体，建立精干高效的组织机构，配备相应的政策执行人员，可以由校领导或专门体育教师担任，但需对其进行相应青少年学生体育政策的培训，使其掌握相应的专业知识技能，制定相应的规定、要求，比如目标责任要求、检查监督规定、奖励惩罚规定等。比如，在“阳光体育”运动中，具体到每个学校，学校规定学生的体育锻炼要达到什么样的目标，对学生的锻炼情况，体育教师应及时反馈，学校应积极进行检查监督，针对学生的锻炼表现进行相应的奖励批评。其次，优化政策执行外环境。进一步塑造良好的社会舆论导向与氛围，让更多的社会公众关注学生的身体素质，关注学生的体育运动，了解青少年体育活动促进政策的价值取向与具体内容，从而能够积极支持学校体育运动的开展，形成社会广泛关注青少年体育活动政策执行的良好环境。同时，积极探索包括学校、社区、家庭在内的“三位一体”的青少年体育活动促进模式，培育青少年体育活动参与的社会环境。

7.6　建立长效的政策执行监督评估机制

目前，我国青少年体育活动促进政策执行的行政监察体系尚不健全，监控机构由上到下集体缺失，在一些地方也没有形成制度化的体育教学评估机制。在许多学校内部，没有专人负责监督体育政策执行和落实，即使名义上有机构，考核评估也基本流于形式。鉴于此，政府和教育行政主管部门应尽快建立青少年学生体育政策执行监察机构，专门负责检查监督青少年学生体育政策执行落实情况，并经常性地对学校体育教学进行评估。将学校体育教学评估与学校文化教学评估同等看待、同等考核、同等奖惩；与学校领导的年度考核工作挂起钩来，以增强学校领导落实政策的责任心。在学校内部，一是要设立专门的体育教学考核机构，负责学校青少年体育政策执行和体育教学的检查考核，并把检查考核工作与考核机构负责人工作绩效等切身利益直接挂钩、与学校体育教师工作业绩直接挂钩，促使其增强工作落实的责任心；二是学校要把学校体育工作及学生体质健康状况作为考核指标体系的重要内容，使之有明显的落实青少年学生体育政策的导向性；三是学校体育教学考核机构，要做好落实青少年学生体育政策信息反馈工作，使学校落实青少年学生体育政策情况能够及时让上级了解，形成信息上下互通，使监督、管理、评估成为贯彻落实青少年学生体育政策执行的长效机制。

参考文献

[1]国务院办公厅．中共中央国务院关于加强青少年体育增强青少年体质的意见[Z].2007.

[2]2014 年全国学生体质与健康调研结果[J]．中国学校体育,2015(12):45－46.

[3]王璨．南昌市城区小学阳光体育运动政策执行力现状及对策研究[D]．南昌:江西师范大学,2012.

[4] T. B. Smith,"The Policy Implementation Process",PolicySciences,Vol.4,No.2.1973:203－205.

[5]陈振明．公共政策学[M]．北京:中国人民大学出版社,2004:257.

[6]D. S. Van Meter and C. E. Van Horn,"The Policy Implementation Process:A Conceptual Framework",Administration and Society,Vol.6,No,4. Feb. 1975:463.

[7]FOX C J. Bias in public policy implementation evaluation[J]. Policy Studies Rev,1987.7(01):121－141.

[8]陈振明．公共政策学——政策分析的理论、方法和技术[M]．北京:中国人民大学出版社,2005,6.

[9]P. Sabatier and D. Mazmanian,"the Implementation of Public Policy:A Framework of Analysis",policy Studies Journal,Vol.8,No.4,1979－1980:542.

[10]韦庆辛．略论公共政策有效执行的重要性[J]．和田师范专科学校学报,2006,26(5):41－42.

[11]徐维英．试论公共政策有效执行的重要性及意义[J]．贵州师范大学学报(社会科学版),2006,(1):97－99.

[12]史俊霞．影响公共政策执行效力的因素分析[J]．商业经济,2008,(8):96－97.

[13]倪伟光．影响我国公共政策执行效力的因素分析[J]．甘肃农业,2006,(11):38.

[14]谷雪．公共政策执行诸影响因素分析[J]．内蒙古社会科学(汉文版),2008,29(6):10－13.

[15]高建华．影响公共政策有效执行主体因素分析[J]．河北学刊,2007,27(6):83－86.

[16]高建华．影响公共政策有效执行的体制因素分析[J]．学术论坛,2008(12):64－67.

[17]雷崇鸽．从“上有政策，下有对策”看公共政策执行的困境[J]．中国投资，2013(8):7.

[18]黄燕翔．我国公共政策执行的现实困境及其消解[J]．牡丹江大学学报，2009，18(2):21－23.

[19]赵国钦．公共政策执行的偏差与困境[J]．新西部，2007(24):63－64.

[20]李明秋．公共政策执行失灵的成因与对策探讨[J]．云南行政学院学报，2006(5):90－92.

[21]王惠云．论增强我国公共政策有效执行的对策[J]．经营管理者，2015(2):323－324.

[22]张杰，王琳．公共政策执行监督的有效性分析[J]．合肥学院学报，2010，27(1):100－103.

[23]丁煌．提高政策执行效率的关键在于完善监督机制[J]．云南行政学院学报，2002(5):33－36.

[24]张剑，吴燕．我国公共政策执行监督机制的完善——基于执行监督主体的视角[J]．天水行政学院学报，2009(1):91－94.

[25]吕俊杰．当代中国公共政策执行效力初探[J]．长江论坛，2006(3):52－54.

[26]陈振明．寻求政策科学发展的新突破——中国公共政策学研究三十年的回顾与展望[J]．中国行政管理，2012(4):12－14.

[27]杨青松．行为学视域下高校阳光体育运动实施效果分析[J]．体育研究与教育，2012(2):52－54.

[28]季谋芳．体育公共政策执行研究[D]．长沙:湖南师范大学，2013.

[29]刘霞．我国公共体育服务政策执行现状分析[J]．当代体育科技，2015，5(33):150－151，153.

[30]刘铮，唐炎．公共体育服务政策执行阻滞的表现、成因及治理[J]．体育科学，2014，34(10):78－82.

[31]潘凌云，王健，樊莲香．我国学校体育政策执行的制约因素与路径选择——基于史密斯政策执行过程模型的分析[J]．体育科学，2015，35(7):27－34，73.

[32]陶克祥．学校体育政策执行力及其影响因素[J]．现代教育管理，2012(6):68－71.

[33]卢仁浩，邹昀．对普通高校“阳光体育运动”执行情况的政策思考[J]．当代体育科技，2015，5(10):157，159.

[34]杨定玉，杨万文，黄道主，等．学校体育政策执行偏差的表现、原因与对策——以“阳光体育运动”的政策分析为例[J]．武汉体育学院学报，2014，48(1):78－82.

[35]罗敦雄．高校“阳光体育”政策执行的理性思考[J]．福建医科大学学报(社会科学版)，

2013,14(3):56 - 60.

[36]朱富明,冉强辉,张业安. 中学体育政策执行力的影响因素与提升策略——以上海市 20 所中学为例[J]. 武汉体育学院学报,2014,48(1):78 - 82.

[37]李捷. 北京市群众体育政策执行研究[D]. 福州:福建师范大学,2008.

[38]杨成伟,唐炎,张赫,等. 青少年体质健康政策的有效执行路径研究——基于米特—霍恩政策执行系统模型的视角[J]. 武汉体育学院学报,2014,34(8):56 - 63.

[39]孙成志和,孙天隽. 组织行为学[M]. 北京:中国金融出版社,2004:3.

[40]苏忠林. 公共组织理论[M]. 武昌:武汉大学出版社,2007:45.

[41]加布里埃尔·A·阿尔蒙德,小 G·宾厄姆·鲍威尔,曹沛霖,等译. 比较政治学——体系、过程和政策[M]. 上海:上海译文出版社,1987:154 - 158.

[42]王书彦. 学校体育政策执行力及其评价指标体系实证研究[D]. 福建师范大学,2009.

[43]米切尔·希尔. 赵成根,译. 现代国家的政策过程[M]. 北京:中国青年出版社,2004:132.

[44]毕正宇. 教育政策执行模式[D]. 上海:华东师范大学,2006:57.

[45]程振响,刘五驹. 学校管理新视野[M]. 南京:南京师范大学出版社,2000:96.

[46] Christopher C. Hood, The Tools of Government, Chaham: Chatham House, 1986; Stephen H. Linder and B. Guy Peters,"The Logic of Public Policy Design:Linking Policy Actors and Plausible Instruments",Knowledye in Society,1999,4:125 - 151.

[47]伍启元. 公共政策[M]. 香港:商务印书馆,1989:4.

[48]Thomas R. Dye, Understanding Public Policy(6th., ed.), Englewood Cliffs, N. J.: Prentice - Hall Inc.,1987:2.

[49]詹姆斯·E·安德森. 公共决策[M]. 北京:华夏出版社,1990.

[50]刘雪明. 政策执行过程研究[M]. 南昌:江西人民出版社,2005. 9.

[51]张金马. 政策科学导论[M]. 北京:中国人民大学出版社,1992,9.

[52]陈庆云. 公共政策分析[M]. 北京:北京大学出版社,2011. 4.

[53]时希杰. 企业执行力理论与创新研究[D]. 天津:天津大学,2005.

[54]Charles O. Jones. An Introduction to the Study of Public Policy(3ed.). Monterey, Califomia: Brooks/Coles Publishing Company,1984:166.

[55]G C. Edwarda ID,I. Sharkansky,ed. The Policy Predicament(San Francis - co:W. H. Freeman and Co. 1978.

[56] C. E. Van Horn, D. S. Van Meter. The Implementation of Intergovernmental Policy, in

C. O. Jones and R R Thomas(eds.)Pubic Policy Making in Federal System(Beverly Hills:Sage Publications,1976:45.

[57]陈振明. 公共政策分析[M]北京:中国人民大学出版社,2003:225.

[58]张金马. 公共政策分析:概念、过程、方法[M]. 北京:人民出版社 2004:383.

[59]陈振明. 政策科学——公共政策分析导论(第二版))[M]. 北京:中国人民大学出版社,2003:260.

[60]倪伟光. 影响我国公共政策执行效力的因素分析[J]. 甘肃农业,2006,(11):38.

[61]吕俊杰. 当代中国公共政策执行效力探析[J]. 郑州航空工业管理学院学报,2006,(4):105 – 108.

[62]史俊霞. 影响公共政策执行效力的因素分析[J]. 商业经济,2008,(8):96.

[63]中国大词编纂处. 汉语词典[M]. 北京:商务印书馆,2013:256.

[64]谢明. 公共政策导论[M]. 北京:中国人民大学出版社,2015:74.

[65]刘雪明. 政策执行过程研究[M]. 江西:江西人民出版社,2005. 9.

[66]马海涛,温来成. 公共政策学[M]. 北京:中国财政经济出版社,2009. 1.

[67]谢明. 公共政策分析概论[M]. 北京:中国人民大学出版社. 2011. 6.

[68]宁骚. 公共政策学(第二版)[M]. 北京:高等教育出版社. 2012. 9.

[69]何元春.《体育与健康课程标准》实施的支持系统[J]. 体育学刊,2004,11(6):103.

[70]黄剑辉,秦媛. 北京市东城区中小学校运动场地及体育设施现状评价[J]. 中国学校卫生,2008,6:556.

[71]李厚林. 西安市中小学体育场地设施建设现状调查[J]. 新西部,2010,14:250.

[72]中华人民共和国住房和城乡建设部.《中华人民共和国国家标准中小学校设计规范》GB50099—2011.

[73]肖林鹏. 我国群众体育资源开发与配置对策研究[J]. 西安体育学院学报,2006. (1):6 – 8,17.

[74]李颖川. 我国学校体育场馆经营开放现状与对策研究[R]. 2009. 05:5.

[75]吴昊,曲宗湖. 我国西部农村学校体育现状及发展对策研究[J]. 武汉体育学院学报,2007. (3):53 – 55.

[76]青少年体育十二五规划 [EB/OL]. https://wenku. baidu. com/view/a71a872ecfc789eb172dc81b. html.

[77]刘扶民,杨桦. 中国青少年体育发展报告(2016)[M]. 北京:社会科学文献出版社,2016:16 – 17.

[78]青少年体育十二五规划［EB/OL］. https://wenku. baidu. com/view/a71a872ecfc789eb172dc81b. html.

[79]国家体育总局关于申报 2009 年青少年体育俱乐部的通知［EB/OL］. http://www. zjtzjs. cn/mainarticle_new. aspx? aid = 294.

[80]刘扶民,杨桦．中国青少年体育发展报告(2016)［M］. 北京:社会科学文献出版社. 2016:36 – 37.

[81]冯国有．公共体育政策的利益分析与选择[J]. 体育学刊,2007.

[82]刘铮,唐炎．公共体育服务政策执行阻滞的表现、成因及治理[J]. 体育科学,2014,34(10):78 – 82.

[83]杨青松,罗建河．我国群众体育政策执行阻滞效应的多维分析——以《全民健身计划纲要》为例[J]. 广州体育学院学报,2008. (6):11 – 14.

[84]秦椿林,肖林鹏．论体育政府利益[J]. 北京体育大学学报,2012. (5):1 – 7.

[85]蓝剑平．政府利益内涵的理论分析[J]. 中共福建省委党校学报,2005. (1):25.

[86]王颖．转型时期政府利益凸显的解读与规范[J]. 中国党政干部论坛,2007. (5):56 – 57.

[87]臧乃康．政府利益论[J]. 理论探讨,1999. (1):18 – 21.

[88]张锡娟．论公共体育政策执行过程中的“偏离”现象[J]. 福建体育科技,2013. 5.

[89]蒋玉红．对阳光体育运动落到实处的理论思考[J]. 南京体育学院学报,2010,24(5):85 – 87.

[90]裴德超．淮北市《普通高中体育与健康课程标准》实验存在问题与对策研究[D]. 北京:北京体育大学,2008.

[91]史俊霞．影响公共政策执行效力的因素分析[J]. 商业经济,2008,(8):96.

[92]桑玉成,刘百鸣．公共政策学导论[M]. 上海:复旦大学出版社,1991.

[93]张金马．公共政策分析[M]. 北京:人民出版社,2004:391.

[94]黄立贤．教育政策执行成效与影响因素之研究——以小班教学政策为例[D]. 台湾:高雄师范大学教育研究所,2005.

[95]徐凌,张继．公共政策分析[M]. 长沙:湖南人民出版社,2004:150.

[96]杨成伟,唐炎,张赫,等．青少年体质健康政策的有效执行路径研究——基于米特—霍恩政策执行系统模型的视角[J]. 体育科学,2014(8):54 – 63.

[97]VAN H C E. Applied Implementation Research[R]. The Meeting of American Political Association Chicago, Illinois, 1987.

[98]俞快．基于"核心"系统模型的地方高校人才引进政策执行研究[D]．上海:华东师范大学,2016.

[99]拉里·博西迪和拉姆·查兰所．执行——如何完成任务的学问[M]．北京:机械工业出版社,2003:366.

[100]周永亮．本土化执行力模式[M]．北京:中国发展出版社,2004:522.

[101]吕俊杰．当代中国公共政策执行效力初探[J]．长江论坛,2006(3):52-54.

[102]史俊霞．影响公共政策执行效力的因素分析[J]．商业经济,2008,(8):96.

[103]王书彦,孙晓婷．普通中学体育政策执行力影响因素探析[J]．北京体育大学学报,2009(2):104-107.

[104]刘熙瑞．公共管理中的决策与执行[M]．北京:中共中央党校出版社,2003:105.

[105]2014 年全国学生体质与健康调研结果[J]．中国学校体育,2015(5).

[106]孙文琦．体育投入理论研究[J]．山东体育学院学报,2005,21(6):12-15.

附　录

附录1　青少年体育活动促进政策执行过程专家调查问卷

尊敬的________先生：

您好！

青少年体育活动促进政策是党和国家为保证青少年学生体育事业顺利发展而制定的行为准则，是发展青少年学生体育事业的根本保证。贯彻执行青少年体育活动促进政策对于青少年学生全面发展，对于促进青少年体育事业兴旺发达，对于中华民族伟大复兴具有重要意义。当前我国青少年体育活动促进政策总体上为社会所接受，但在具体贯彻执行过程中也出现了一些问题，使得青少年体育活动促进政策未达到预期效果。为探讨青少年体育活动促进政策执行效力与执行过程的现状和存在的不足，我们设计了此问卷，以期为我国青少年体育活动促进政策的顺利贯彻实施提供借鉴。

您是体育管理教学研究领域的专家学者，希望您在百忙之中填写本问卷，在此对您的辛勤劳动表示衷心感谢。

填表说明：请您将选项打“√”，如需补充或有不同意见请填写在“其他”栏中。

1. 您认为优化青少年体育活动促进政策执行过程与青少年学生全面发展的关系如何：

问题选项	完全同意	比较同意	一般	不太同意	反对
(1) 青少年体育活动促进政策的执行过程规范与否直接关系着青少年体质健康水平					
(2) 研究青少年体育活动促进政策的执行过程，可以在实际政策执行的过程中做到事前预防、事中调整、事后纠错弥补					
(3) 探讨青少年体育活动促进政策执行过程，将为解决青少年体育发展问题提供新的佐证					
(4) 探讨青少年体育活动促进政策执行过程，可以看到中外青少年体育政策的差异，提供国外可资借鉴的经验					
(5) 探讨青少年体育活动促进政策执行过程，可以在全社会弘扬正确的教育观、人才观、健康观，努力营造全社会关心支持青少年体育事业发展的氛围					
其他（请您填写）					

2. 您对青少年体育活动促进政策执行过程中可能出现的情况的看法是：

问题选项	完全同意	比较同意	一般	不太同意	反对
(1) 人们对青少年健康的认识模糊，学校缺少对学生进行政策解读，宣传不到位					
(2) 学校运动场地缺乏					
(3) 师资力量薄弱，城乡之间经济发达与欠发达地区之间的差异较大					

续表

问题选项	完全同意	比较同意	一般	不太同意	反对
(4) 政策执行主体缺乏对目标群体的过程管理					
(5) 政策执行过程中会涉及利益调整，会产生新、老利益主体间的摩擦和矛盾					
(6) 家庭教育观念陈旧，受高考“指挥棒”影响，重视学生文化课学习，轻视体育锻炼					
其他（请您填写）					

3. 长期以来，青少年体育活动促进政策在执行过程中出现了种种“偏离”现象，您对这些现象的看法是：

问题选项	完全同意	比较同意	一般	不太同意	反对
(1) 政策主体重文轻体，对政策实施重视不够					
(2) 目标群体对政策认同感和遵从度不强					
(3) 政府投入不足、体育基础设施建设“欠账”					
(4) 对政策落实的督导、监管、评估工作不到位					
(5) 权责主体混乱，双重管理矛盾突出					
(6) 家庭教育的误导					
(7) 体育课程内容老化、教学方式单一					
(8) 学校对青少年体育政策的宣传、解读不到位					
(9) 青少年体育在素质教育中形同虚设					
其他（请您填写）					

4. 您认为以下因素对青少年体育活动促进政策执行的影响程度的看法是：

	非常重要	重要	一般	不重要	毫不重要
执行主体自身利益需求因素					
执行客体对政策认同度因素					
政策本身因素					
资源因素					
环境因素					

5. 您认为有助于推动青少年体育政策执行的建议：（可多选）
（1）政府强化职能，把青少年体育活动促进纳入发展规划。
（2）建立有效青少年体育活动促进考核评价机制。
（3）积极发挥学校提高青少年身体素质的“主渠道”作用。
（4）家长培养青少年体育锻炼习惯，养成健康的生活方式。
（5）营造全社会关注重视青少年学生体育的舆论氛围。
（6）改革体育课程教学方式，满足学生个体不同层次的发展需求。
（7）定期公布学生体质健康测试报告。
（8）制定城乡统一的基本青少年学生体育基础设施标准。
6. 您对我国青少年体育活动促进政策执行过程研究还有什么意见？

调查到此结束，衷心感谢您的帮助，祝您身体健康、工作顺利、阖家欢乐。

附件 2　青少年体育活动促进政策执行效力专家访谈提纲

________您好：

非常感谢您拨冗赐教。笔者问题只有如下几个，谢谢您的参与。

1. 您对青少年体育活动促进政策的认识如何?

2. 您认为我国青少年体育活动促进政策执行效力如何?

3. 您认为我国青少年体育活动促进政策执行过程中出现了哪些问题? 面对这些问题，有哪些可以采取的措施?

4. 您认为影响青少年体育活动促进政策执行效力的因素有哪些? 这些因素是如何作用共同影响执行效力的?

5. 您认为青少年体育活动促进政策执行过程中应有哪些环节? 这些环节之间是怎样的关系?

6. 为提高青少年体育活动促进政策执行效力，您认为有哪些好的对策?

访谈结束，谢谢您的参与!

附录3　青少年体育活动促进政策执行效力校长调查问卷

尊敬的校长：

您好！

非常感谢您在百忙之中抽出时间来完成这份问卷！为了了解您对青少年体育活动参与政策执行情况，我们设计了此问卷，本问卷的调查结果除供学术研究外，绝不挪为他用，请您安心作答。深信您宝贵的意见将对我的课题研究有很大的帮助。衷心地感谢您的支持与合作！

填写说明：请您仔细阅读下面的每一道题，根据您的实际情况选择适合您的答案，并在选项的“□”内划“√”。如果题后没有说明的均为单一选项。

1. 您所在的学校属于哪种类型？　（1）省级示范中学□　（2）区镇中学□

2. 从总体上看，您对您校执行学校体育政策的总体评价是.

（1）执行有力，效果好□（2）执行情况一般，效果一般□　（3）执行无力，效果差□

3. 您对颁布阳光体育的态度？　（1）肯定□　（2）无所谓□　（3）否定□

4. 您对阳光体育运动所涉及的一些具体内容的了解程度如何？

制订背景：（1）非常了解□（2）比较了解□（3）一般□（4）不了解□

基本理念：（1）非常了解□（2）比较了解□（3）一般□（4）不了解□

目标体系：（1）非常了解□（2）比较了解□（3）一般□（4）不了解□

内容标准：（1）非常了解□（2）比较了解□（3）一般□（4）不了解□

评价：（1）非常了解□（2）比较了解□（3）一般□（4）不了解□□

5. 您认为阳光体育运动所制定的目标、内容标准和学习评价的具体实效性如何？

总目标：（1）非常好□　（2）比较好□　（3）一般□　（4）不好□

运动参与目标：（1）非常好□（2）比较好□（3）一般□（4）不好□

身体健康目标：（1）非常好□（2）比较好□（3）一般□（4）不好□

心理健康目标：（1）非常好□（2）比较好□（3）一般□（4）不好□

内容标准：（1）非常好□　（2）比较好□　（3）一般□　（4）不好□

学习评价：（1）非常好□　（2）比较好□　（3）一般□　（4）不好□

6. 请您对阳光体育运动政策做出评价

	（1）好	（2）一般	（3）差
明确性			
具体性			
可操作性			

7. 您认为学校的场地条件是否能够满足体育教学的需要？

（1）完全满足□　（2）基本满足□　（3）不足□　（4）严重不足□

8. 您认为学校的器械条件是否能够满足体育教学的需要？

（1）完全满足□　（2）基本满足□　（3）不足□　（4）严重不足□

9. 您认为贵校在执行阳光体育运动政策时的策略和方法是

（1）方法策略得当，有创造性□（2）方法策略基本得当，有一定创造性□

（3）方法策略不太得当，缺乏创造性□（4）方法策略不得当，没有创造性□

10. 贵校开展体育活动的方式有

（1）体育课 □　（2）大课间活动 □（3）课外活动 □（4）体育竞赛 □

（5）冬夏令营 □（6）体育社团、体育俱乐部 □；　（7）其他（请填写）________

附录4　青少年体育活动促进政策执行效力教师调查问卷

尊敬的老师：

您好！

非常感谢您在百忙之中抽出时间来完成这份问卷！为了了解您对青少年体育活动参与政策执行情况，我们设计了此问卷，本问卷的调查结果除供学术研究外，绝不挪为他用，请您安心作答。深信您宝贵的意见将对我的课题研究有很大的帮助。衷心地感谢您的支持与合作！

填写说明：请您仔细阅读下面的每一道题，根据您的实际情况选择适合您的答案，并在选项的“□”内划“√”。如果题后没有说明的均为单一选项。

1. 您所在的学校属于哪种类型？　(1) 省级示范中学□　(2) 区镇中学□

2. 您的性别：(1) 男□　(2) 女□

3. 您的职称：(1) 中教特级□　(2) 中教高级□　(3) 中教一级□

(4) 中教二级□　(5) 其他□

4. 从总体上看，您对您校执行学校体育政策的总体评价是

(1) 执行有力，效果好□　(2) 执行情况一般，效果一般□

(3) 执行无力，效果差□

5. 自从推行阳光体育运动以来，该市教委采取了哪些措施或组织了哪些活动？(可多选)

(1) 制定相关文件□　(2) 组织研讨会□ (3) 举办知识讲座□

(4) 组织观摩课活动□　(5) 定期检查与评比□

6. 自从推行阳光体育运动以来，您的学校采取了哪些措施或组织了哪些活动？(可多选)

(1) 制定相关文件□　(2) 组织研讨会□ (3) 举办知识讲座□

（4）组织观摩课活动□ （5）定期检查与评比□

7. 您对颁布阳光体育的态度？ （1）肯定□（2）无所谓□ （3）否定□

8. 您对阳光体育运动所涉及的一些具体内容的了解程度如何？

制订背景：（1）非常了解□（2）比较了解□（3）一般□（4）不了解□

基本理念：（1）非常了解□（2）比较了解□（3）一般□（4）不了解□

目标体系：（1）非常了解□（2）比较了解□（3）一般□（4）不了解□

内容标准：（1）非常了解□（2）比较了解□（3）一般□（4）不了解□

评价：（1）非常了解□ （2）比较了解□ （3）一般□ （4）不了解□

9. 通过阳光体育运动，您认为该活动所制定的目标、内容标准和学习评价的具体实效性如何？

总目标： （1）非常好□ （2）比较好□ （3）一般□ （4）不好□

运动参与目标：（1）非常好□（2）比较好□（3）一般□（4）不好□

身体健康目标：（1）非常好□（2）比较好□（3）一般□（4）不好□

心理健康目标：（1）非常好□（2）比较好□（3）一般□（4）不好□

内容标准： （1）非常好□ （2）比较好□ （3）一般□ （4）不好□

学习评价： （1）非常好□ （2）比较好□ （3）一般□ （4）不好□

10. 您认为学校的场地条件是否能够满足体育教学的需要？

（1）完全满足□ （2）基本满足□ （3）不足□ （4）严重不足□

11. 您认为学校的器械条件是否能够满足体育教学的需要？

（1）完全满足□ （2）基本满足□ （3）不足□ （4）严重不足□

12. 您上体育课的班级人数一般是：

（1）70 人以上□（2）60 ~ 70 人□（3）50 ~ 60 人□（4）50 人以下□

13. 您在选择学生体育锻炼评价的内容方面主要以哪些方式为主？（可多选）

（1）体能与技能□ （2）体育与健康知识□ （3）身体素质□ （4）情意表现、合作精神□

14. 您对学生体育锻炼的评价主要采取哪种形式？

（1）仅教师评价□ （2）仅学生自我评价□ （3）仅组内互相评价□

15. 如果体育成绩与学生的升学率有关，您将如何评价学生的体育成绩？（可多选）

（1）按具体的评价指标给分□ （2）酌情给分□
（3）评价标准脱离实际□ （4）教师工作负担较重□

16. 请您对阳光体育运动政策做出评价

	（1）好	（2）一般	（3）差
明确性			
具体性			
可操作性			

17. 您认为贵校在执行阳光体育运动政策时的策略和方法是
（1）方法策略得当，有创造性□ （2）方法策略基本得当，有一定创造性□
（3）方法策略不太得当，缺乏创造性□（4）方法策略不得当，没有创造性□

附录 5　青少年体育活动促进政策执行过程学生调查问卷

亲爱的同学：

你好！

本问卷旨在了解你所在学校青少年体育活动促进政策执行过程的基本情况，以便青少年学生的体育政策可以在学校中正常有效地执行。问卷中所有问题无所谓标准答案，或正确答案，请根据平时的基本情况如实填答。衷心地感谢你的支持与合作！

填写说明：请你仔细阅读下面的每一道题，根据你的实际情况选择适合你的答案，并在选项的“□”内划“√”。如果题后没有说明的均为单一选项。

1. 你所在的学校属于哪种类型？　省级示范中学□　区镇中学□

2. 你的性别：　男□　女□

3. 你所在学校

4. 学校能否保证学生每天锻炼 1 小时

（1）能□（2）不能□

5. 学校提供了哪些途径参加体育活动（多选）

（1）体育课 □（2）大课间活动 □（3）课外活动 □（4）体育竞赛 □

（5）冬夏令营 □（6）体育社团、体育俱乐部 □；（7）其他（请填写）________

6. 你对颁布青少年体育活动促进政策（如阳光体育运动）所持的态度？

（1）肯定□　（2）无所谓□　（3）否定□

7. 你对阳光体育运动所涉及的一些具体内容是否了解？

基本理念：　非常了解□　比较了解□　一般□　不了解□

内容标准：　非常了解□　比较了解□　一般□　不了解□

目标： 非常了解□ 比较了解□ 一般□ 不了解□

8. 你的学校一周体育课时量为：

（1）1 ~ 2 节□ （2）3 ~ 4 节□ （3）5 ~ 6 节□ （4）1 节以下□

9. 你对现行体育课是否感兴趣？ （1）感兴趣□ （2）不清楚□

（3）不感兴趣□

10. 你参加体育锻炼的主要目的是什么？（可多选）

（1）锻炼身体增进建康□ （2）升学需要□ （3）减轻学习压力□

（4）与同学一起玩□ （5）体育考试或达标□

11. 实施阳光体育运动以后，你感觉自己的体能状况是否发生了变化？

（1）明显提高□ （2）稍有提高□ （3）没有变化□ （4）稍有下降□

（5）明显下降□

12. 实施阳光体育运动以后，你认为学生参加课外活动的人数与以前相比是否有变化？

（1）明显提高□ （2）稍有提高□ （3）没有变化□ （4）稍有下降□

（5）明显下降□

附件6　国家级青少年体育俱乐部发展现状网络调查问卷

尊敬的________先生/女士

您好！

非常感谢您能够再次耽误宝贵的时间填写本套网络调查问卷，您的填写对青少司进一步获知俱乐部的实际情况，进而完善国家青少年体育俱乐部的相关政策至关重要！

我们将汇总大家辛勤劳动的成果，并对数据进行分析整理，形成研究报告后，提交给青少司领导在制定政策及决策时参考使用。

天津体育学院青少年研究中心

1. 俱乐部基本信息

俱乐部名称：

依托单位名称：

俱乐部负责人（法人）：

俱乐部联系人姓名：

俱乐部联系人电话/手机：

俱乐部邮编：

俱乐部创建时间：________年

俱乐部地址：________省（直辖市、自治区）

________市（地区/自治州/盟/区）

________区（县）

2. 俱乐部依托单位性质是：

（1）社区（街道办事处）　（2）体育场馆　（3）体校

（4）学校　（5）基层单项体协　（6）其他

3. 俱乐部注册情况

（1）没有注册　（2）民办非企业单位　（3）社会团体

（4）企业　（5）其他类型（请填写相关内容）

4. 俱乐部是否有独立的银行账号？

（1）是　（2）否　（3）不清楚

注：独立的银行账号是指不与依托单位共用的银行账号。

5. 您认为俱乐部的产权应该归谁：

（1）归依托单位所有　（2）归业务主管部门所有（3）归登记注册部门所有

（4）归俱乐部法人所有　（5）归俱乐部法人和出资人共同所有　（6）其他

（7）不清楚

注：产权可认为是对俱乐部所有权、占有权、经营权等的统称。

6. 俱乐部是否设立常务管理机构情况：

（1）是　（2）否

7. 俱乐部是否设立了以下部门（可多选）：

（1）办公室　（2）培训部　（3）财务部　（4）场地部

（5）医务部　（6）教练部　（7）竞赛部　（8）训练部

（9）外联部　（10）宣传部　（11）后勤部　（12）会员部

（13）招生部　（14）市场部　（15）其他

注：请选择与选项名称含义相同或相近选项，若没有列出，请选择“其他”并列出具体部门名称。

8. 俱乐部的负责人（法人）是否专职？

（1）是　（2）否

9. 俱乐部负责人（法人）的身份是：

（1）依托单位负责人兼任　（2）依托单位管理人员兼任

（3）依托单位一般人员兼任　（4）其他单位人员兼任

（5）外聘离退休人员兼任

注：依托单位负责人是指处于最高领导阶层的党政领导人员；依托单位管理人员是指除单位负责人以外的管理干部；依托单位一般人员是指除单位负责人、管理干部之外的其他人员。

10. 俱乐部专兼职人员状况（请填写具体数字）：

（1）专职人员（管理干部）________　（2）专职人员（工作人员）

（3）兼职人员（管理干部）________　（4）兼职人员（工作人员）

注：专职人员是指俱乐部聘请的全职管理干部及工作人员，一般与俱乐部依托单位无劳动合同关系。

11. 专兼职人员文化程度（请填写具体人数）：

	初中及以下	高中、中专	大专	大学本科	研究生
专职人员					
兼职人员					

12. 俱乐部的管理制度包括（可多选）：

（1）综合性管理制度（章程、办法、规定等）　（2）岗位责任制度

（3）会员制度　（4）组织制度　（5）开放制度

（6）账务制度　（7）活动办法　（8）考核制度

（9）其他（请填写相关内容）

13. 您认为俱乐部场地设施是否能够满足青少年体育活动需要：

（1）完全能够满足　（2）基本能够满足　（3）不能满足　（4）不清楚

14. 国家体育彩票公益金扶持经费到位情况：

（1）及时到位　（2）基本到位　（3）稍有拖欠

（4）严重拖欠　（5）没有到位　（6）不清楚

15. 地方配套扶持经费到位情况：

（1）及时到位　（2）基本到位　（3）稍有拖欠

（4）严重拖欠　（5）没有到位　（6）不清楚

16. 俱乐部经费来源的途径包括（可多选）：

（1）体育彩票公益金　（2）政府资助　（3）会员会费

（4）社会捐赠　（5）依托单位补贴　（6）企业捐款

（7）经营创收　（7）不清楚　（8）其他（请填写相关内容）

注：政府资助是指除体育彩票公益金外的其他经费支持。

17. 除体育彩票公益金扶持外，俱乐部是否有其他经费来源：

（1）是　（2）否

附件7　青少年体育活动促进政策执行效力模型专家调查问卷

尊敬的专家：

您好！

青少年体育活动的充足与否是青少年能否获得健康体魄的主要因素。近年来，国家及相关部委颁布了一系列促进青少年体育活动开展的政策文件，将这些政策统称为青少年体育活动促进政策。当前青少年体育活动促进政策总体上为社会所接受，但是在具体贯彻执行中也出现了一些问题，有研究显示，2006年出台的《关于开展全国亿万学生阳光体育运动的通知》中提及的“每天锻炼一小时”的政策，有近50%的学校落实不了每天一小时的体育锻炼时间，这使得青少年体育活动促进政策未达到预期效果。为了改善青少年体育活动促进政策执行不力的状况，我们选择了《青少年体育活动促进政策执行效力模型研究》作为研究课题。将选取公共政策模型中“米德—霍恩的系统模型”和“中国公共政策执行效力模型”作为构建青少年体育活动促进政策模型的理论基础，找出青少年体育活动促进政策影响因素，构建青少年体育活动促进政策执行效力模型。并提出有效提高青少年体育活动促进政策执行效力的途径，以期为决策管理部门更好地贯彻落实青少年体育活动促进政策提供参考与借鉴。

您是体育管理领域的专家，希望通过您的智力支持改进我的设计，您所提供的信息对我的研究非常重要，希望您在百忙之中填写本问卷，在此对您的辛勤劳动表示感谢。

填写说明：请将您认为合适的选项打“√”，如需补充或有不同意见请填写在“其他”中。

1. 您对目前青少年体育活动的一系列促进政策执行中影响因素的看法：

问题选项	完全同意	比较同意	一般	不太同意	反对
(1) 政策下达后感到政策目标不明确					
(2) 政策中具体施行的方案措施不具体					
(3) 政策下达后，下一层政策执行组织机构对政策实施工作不重视					
(4) 政策下达后，下一层政策执行组织机构未能及时传达、宣传政策					
(5) 政策下达后，下一层政策执行组织机构未能及时制定政策实施方案					
(6) 政策执行组织机构间协调能力差，责任相互推诿					
(7) 政策执行组织机构缺乏与政策目标群体沟通，对目标群体不了解					
(8) 政策具体执行组织机构缺乏对青少年体育活动的跟踪管理					
(9) 执行政策所需青少年体育活动专业指导人员不够充足					
(10) 执行政策所需场地器材设施资源不够充足					
(11) 执行政策所需资金不够充足					
(12) 执行政策所处的自然环境不适宜					
(13) 执行政策中家庭环境不适宜，家庭教育观念陈旧，重视青少年文化课学习，轻视体育锻炼					
(14) 执行政策中学校环境不适宜，学校一味重视升学率，轻视体育课和体育锻炼					
其他（请您填写）					

2. 以下因素对青少年体育活动一系列促进政策执行效力影响程度，您的看法是：

因素选项	非常重要	重要	一般	不重要	毫不重要
（1）执行政策的组织机构和工作人员的工作态度					
（2）执行政策的组织机构对政策的宣传					
（3）执行政策的组织机构是否制定执行政策实施的具体方案					
（4）执行政策的组织机构之间的交流协作能力					
（5）执行政策的组织机构对青少年群体的了解程度					
（6）执行政策的组织机构对政策采取的执行方式					
（7）政策本身的目标明确					
（8）政策本身所制订实施方案的可行性					
（9）执行政策所需青少年体育专业指导人员充足					
（10）执行政策所需场地器材设施资源充沛					
（11）执行政策所需资金充足					
（12）执行政策所处的自然环境相宜					
（13）执行政策中家庭环境影响					
（14）执行政策中学校环境影响					
其他（请您填写）					

3. 您对于青少年体育活动促进政策执行效力模型的看法：

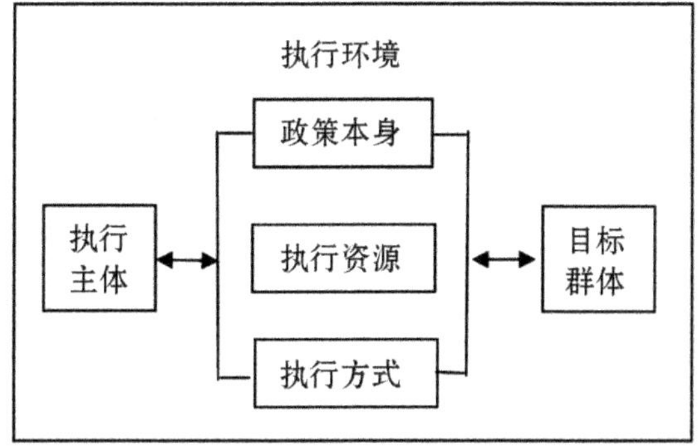

问题选项	完全同意	比较同意	一般	不太同意	反对
(1) 模型排列合理，简化易懂					
(2) 模型符合青少年体育活动促进政策执行影响因素的现实状况					
(3) 模型能够对青少年体育活动促进政策执行效力起到解释说明的作用					
(4) 模型能够抓住影响青少年体育活动促进政策执行效力的关键影响要素					
(5) 模型能够反映出各关键要素之间的关系					
(6) 通过调控模型的要素能够帮助提高青少年体育活动促进政策执行效力水平					
其他意见（请您填写）					

4. 您对于提升青少年体育活动促进政策执行效力的看法：

选项	十分必要	较为必要	一般必要	不太必要	不必要
（1）提高政策本身的科学性和合理性					
（2）提高执行组织机构的执行能力					
（3）改进政策执行方式					
（4）加强执行政策中资源的保障					
（5）优化政策执行的环境					
（6）建立长效的政策执行监督评估机制					
其他建议（请您填写）					

调查到此结束，衷心感谢您的帮助，祝您身体健康、工作顺利、阖家欢乐！